DAS SPRACHBUCH 2

Arbeitsheft
für die 2. Jahrgangsstufe
Baden-Württemberg

Vereinfachte Ausgangsschrift

von
Theresia Pristl
Johanna Schmidt

Bayerischer Schulbuch Verlag · München

DAS SPRACHBUCH 2
BADEN-WÜRTTEMBERG

Arbeitsheft
Vereinfachte Ausgangsschrift

von Theresia Pristl und Johanna Schmidt

 bedeutet: Schreibe in dein Heft!

✏ bedeutet: Spure nach!

(4) Die Zahl in der Klammer sagt dir, wie viele Lösungen es gibt (hier zum Beispiel 4).

Gedruckt auf chlorfrei gebleichtem Papier

1998
1. Auflage (R)
© Bayerischer Schulbuch Verlag, München
Illustration: Irmgard Paule
Satz: Satz + Litho Sporer KG, Augsburg
Druck: Druckerei Wagner GmbH, Nördlingen
ISBN 3-7626-2537-3

Freunde

Maria hat viele Freunde.
Gestern spielte sie mit Anna.
Morgen will sie Fabian treffen.
Susanne schreibt sie jeden Monat.
Und wer sind deine Freunde?

Freund Monat schreiben spielen treffen wollen

dein gestern jeder viel morgen wer

Das machst du immer:

1. Spure die Lernwörter in der Brille nach! Sprich dabei deutlich!
2. Suche die Lernwörter im Diktat und unterstreiche sie!

3. Ordne die Lernwörter nach der Anzahl ihrer Buchstaben!

mit 3 Buchstaben

mit 4 Buchstaben

mit 7 Buchstaben

mit 6 Buchstaben

mit 5 Buchstaben

mit 9 Buchstaben

4. Sprich genau! Hör genau!

Spure jedes d farbig nach!

ein Freund – viele Freunde
dein Freund – deine Freundin
jeder Freund – jede Freundin

Original   Fälschung (6 Fehler)

5. Finde im rechten Bild die sechs Fehler! Kreise sie ein!

6. Lies genau! Sprich genau! Schreibe nur die <u>Lern</u>wörter (8)!

schreiben, schrauben, spielen, spülen, viel, Ziel, treffen, trennen, jeder, jener, morgen, mögen, Freund, Feind, dein, denn

7. Erkennst du die Namen?
Schreibe aus dem Diktat den Satz, in dem der Name vorkommt!

8. Hier haben viele Namenwörter keine Anfangsbuchstaben.
Setze sie ein und schreibe dann die Geschichte in dein Heft!

☐aria hat viele ☐reunde. ☐abian will sie morgen treffen. Mit ☐nna spielte sie gestern. ☐usanne schreibt sie jeden Monat. Wer sind deine ☐reunde?

Rate!

Stolz trägt dein Gesicht eine ... in der Mitte.
Du hast keine zweite, keine dritte.
Sie bleibt da und kann doch laufen.
Und wenn sie brennt,
muss keiner sich die Haare raufen.

Gesicht Haar
Mitte brennen
stolz tragen
raten

kein du doch
sich müssen
bleiben
kann

1. Schreibe die Lernwörter!

2. Mache einen langen Strich nach jedem Wort! Schreibe dann die Wörter (9)!

Mittekeindudochbleibenratensichbrennenkann

3. Spure im Diktat folgende Buchstaben nach: aa, tt, nn, ss

4. Welche Tiere haben ihre Nasen vertauscht? Verbinde!

5. Reime!

Haar   Mitte   brennen   tragen   doch

P____   B____   k____   fr____   n____

6. Trenne die folgenden Wörter!

Mi/tte, sto/lze, ra/ten, tra/gen, müs/sen, blei/ben, Haa/re

Mit-te,

7. Suche im Diktat alle mehrsilbigen Wörter (12)! Trenne sie!

ra-ten,

8. Für Diktatdetektive!
Vergleiche folgenden Text mit dem Diktat! Unterstreiche die veränderten Wörter (6)! Schreibe den richtigen Text!

Raten!
Stolz trägt sein Gericht eine .... in der Mitte.
Du hast keine zweite, keine dritte. Sie bleibt da und kann noch laufen. Und wenn sie brennt, muss einer sich die Hasen raufen.

Papier

Name

Peter schreibt in der Schule auf Papier.
Altes Papier wirft er nicht in den Müll.
Ab diesem Schuljahr sammelt Peters Klasse
altes Papier in einer Schachtel.
Dort legt auch Peter sein Papier ab.

Papier Müll
Klasse legen
Jahr werfen

dort alt
nicht auch
sein ab

Denke daran: Zuerst die Lernwörter nachspuren und im Diktat unterstreichen!

1. Schreibe Lernwörter in die passenden Rahmen!

2. Verbinde die Silben zu Wörtern (10)!

sam- Klas- **le-** die- Pa- Pe-   -melt **-gen** -ter -tel
Schu- al- Schach- wer-   -sem -tes -se -pier -le -fen

sieben

Original Fälschung (6 Fehler)

3. Welcher Zettel gehört in welche Schachtel? Verbinde mit Strichen! Schreibe dann in dein Heft!

Meine Klasse *werfe ich* *ich mein* *Ich schreibe*

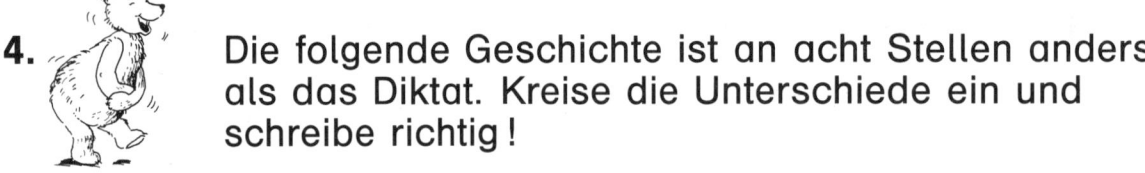

☐ in der Schule auf Papier. Altes Papier ☐ nicht in den Müll. ☐ sammelt altes Papier in einer Schachtel. Dort lege auch ☐ Papier ab.

4. Die folgende Geschichte ist an acht Stellen anders als das Diktat. Kreise die Unterschiede ein und schreibe richtig!

Papier * Peter schreit in der Schule auf Pappe. Altes Papier webt er nicht um den Müll. Ab diesem Schuljahr sammelt Peters Kasse kaltes Papier in einer Schachtel. Dort liest auch Peter dein Papier ab.

Ein seltenes Tier?  Name

Das Tier ist groß.

Es hat vier Beine und einen langen Schwanz.

Viele Könige hat es weit getragen.

Auch du kannst auf seinem Rücken sitzen.

Oder wirft es dich ab?   Es ist ein Pferd.

1. Spure die Lernwörter in der Brille nach! Sprich dabei deutlich! Schließe deine Augen! Welche Wörter hast du dir gemerkt?

2. Ergänze in den Lernwörtern die fehlenden Buchstaben!

T..r, si..en, kö..en, Pf..d, Kö..g,
se..en, Schw..z, w..t, o..r, Rü..en

3. Findest du Lernwörter (10)? Kreise sie farbig ein!

a	b	T	i	e	r	c	d	e	f
S	c	h	w	a	n	z	g	h	i
j	k	l	m	R	ü	c	k	e	n
n	s	e	l	t	e	n	o	p	q
r	s	t	u	v	P	f	e	r	d

e	i	n	e	n	a	b	c	d	e
f	g	h	i	j	K	ö	n	i	g
k	l	m	n	o	o	d	e	r	p
w	e	i	t	q	r	s	t	u	v
w	x	s	i	t	z	e	n	y	z

Original   Fälschung (6 Fehler)

4. Reime!

Tier	weit	Schwanz	sitzen	dich
h	Br	T	sp	m
v	Z	Kr	Bl	s

5. Setze die fehlenden Lernwörter ein! Schreibe die Sätze vollständig ab!

Das .... hat vier Beine. Es hat einen langen ....
Du kannst auf seinem ...... sitzen. Viele ...... hat es
weit getragen. Male das .....!

Hier kannst du das Tier malen:

6. Schreibe das Diktat ab, trenne dabei alle mehrsilbigen Wörter (11)!

 o der    Rü cken    sit zen

Ein schöner Tag

Name _____

Maria schaut hinaus.
Der Regen hat aufgehört.
Maria läuft auf die Wiese.
Die Luft ist frisch. Die Erde ist nass. Maria schaut zum Himmel. Die Sonne scheint.

Regen Luft Tag Erde Sonne Himmel

schauen nass zum hin scheinen schön frisch

1. Lies die Lernwörter in der Brille laut und deutlich! Schließe die Augen! Welche Lernwörter hast du dir gemerkt?

2. Baue folgende Wörter auf! *Luft, Erde, nass, Tag, zum*

3. Schreibe Lernwörter in die passenden Rahmen!

4. Erkennst du die Wörter? Schreibe sie vollständig auf!

Luft   Erde   nass   scheinen

schauen   Regen   Tag   schön

Himmel   Sonne   frisch   bin

5. Was passt zusammen? Verbinde richtig! Schreibe dann die Sätze!

Maria schaut — duften frisch.
Die Blätter sind — über die Wiese.
Die Blumen — vom Regen nass.
Maria läuft — zum Baum.

6. Mache nach jedem Wort einen Strich! Schreibe die Sätze richtig!

Maria/schaut/hinaus. Der/Regen/hat/aufgehört.
Der/Himmel/ist/blau. Die/Sonne/scheint. Maria/läuft/auf/die/Wiese.
Die/Erde/ist/nass. Die/Luft/ist/frisch. Das/ist/ein/schöner/Tag.

Die Uhr    Name

Vater, Mutter und Lisa kaufen eine Uhr.
Die Familie sucht für sie einen schönen Platz.
Lisa misst aus. Die Uhr passt in das
Wohnzimmer. Hier stellt die Familie sie auf.
Nun schlägt die Uhr jede Stunde.

1. Standuhr beim Umzug! Schreibe die Lernwörter in die Uhr!

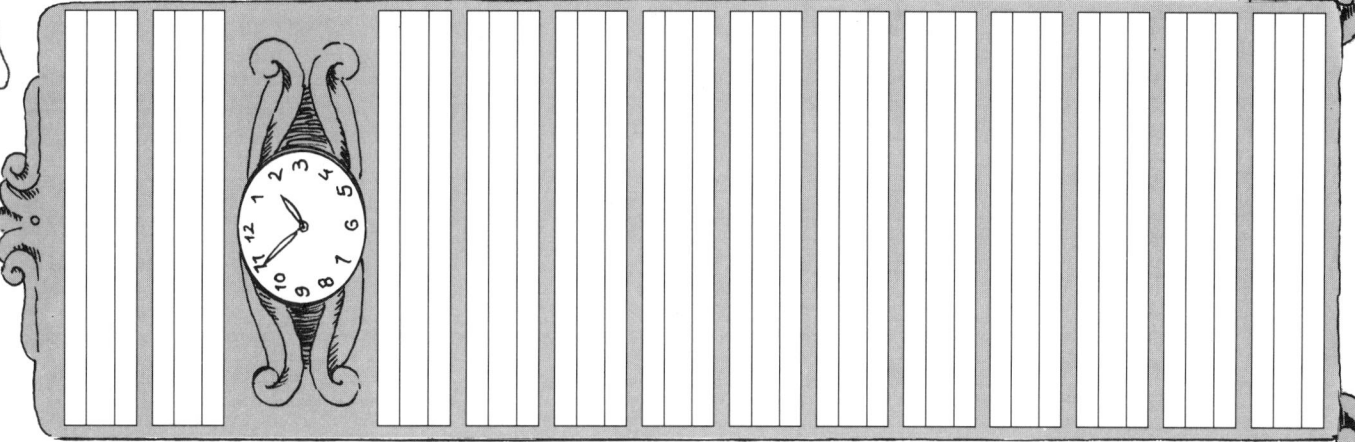

2. Spure im Diktat folgende Buchstaben nach: mm, ss, ll, tz

3. Verbinde die Silben zu Wörtern (8)! Schreibe die Wörter in dein Heft!

Original Fälschung (7 Fehler)

4. Lies genau! Sprich genau!
Schreibe nur die Wörter (10), die du im Diktat findest!

nun, nein, schlägt, schläft, keifen, kaufen, Platz, Plan, müsst, misst, jede, jene, Ohr, Uhr, steht, stellt, passt, pafft, hin, hier

5. Ordne richtig zu: passe, stellst, schlägt, suchst, messe, passt, misst, sucht, stellt, misst, passt, stelle, schlägst, schlage, suche

ich — passe,
du — passt,
er — passt,

6. So ein Unsinn! Unterstreiche die veränderten Wörter (8)!
Schreibe die Geschichte richtig!

Vater, Mutter und Lina kneifen eine Uhr. Die Familie sagt für sie einen schönen Plan. Lisa malt aus. Die Uhr pafft in das Wohnzimmer. Hier stellt die Familie sich auf. Nun schläft die Uhr jede Stunde.

Wiederholung der Lernwörter (Seite 3 bis Seite 14)

Bewegung tut gut: Laufdiktat

So könnt ihr viele Lernwörter üben.

1. Suche aus den geübten Diktaten ein Lernwort aus! Schreibe es gut lesbar auf ein Blatt! Kontrolliert euch gegenseitig!

2. Lege dein Blatt auf die Fensterbank oder befestige es am Schrank, am Stuhl, an der Pinnwand oder lege es auf den Boden oder ...

3. Gehe zu einem Lernwort: Lies es deutlich, sieh es dir genau an, merke dir, wie es aussieht!

4. Gehe zu deinem Platz und schreibe das Lernwort!

Wiederholung der Lernwörter
(Seite 3 bis Seite 14)

Schreibe unter jedes Bild das passende Namenwort!

Du kannst aus dieser Seite ein Memory-Spiel basteln: Klebe auf eine Karte das Bild, auf die andere Karte das passende Wort! Achte darauf, dass die Karten gleich groß sind und auf der Rückseite völlig gleich aussehen!

November

Name

Julia geht mit Mutter in den Wald.
Die Luft ist sehr kalt.
Blätter fallen von den Bäumen.
Julia steigt über Äste und lose Blätter.
Aus ihnen macht sie mit ihren Händen einen
Berg. Ist das eine Wohnung für Igel?

1. Schreibe passende Lernwörter in die Wortrahmen!

2. Spure in der Brille die Buchstaben H (1) und h (5) farbig nach!
In welchen Wörtern hörst du „h"? Wo hörst du es nicht?

3. Bilde mit den Reimwörtern die Mehrzahl!

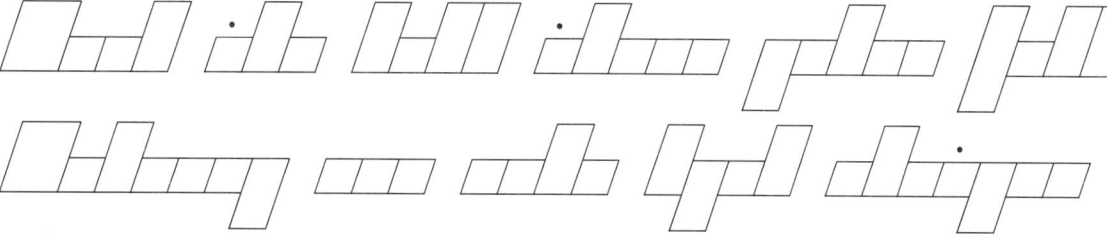

Baum — Bäume — Hand — H....
Traum — Tr.... — W.... — W....
R.... — R.... — Br.... — Br....

bsv Das Sprachbuch 2 BW VA – Arbeitsheft   siebzehn **17**

4. Auf dieser Seite haben sechs Igel ein Lernwort versteckt.
Wie heißt es?

5. Schreibe die Wörter mit *h* !

i *r*
ge *en*
i *nen*
Wo *nung*
se *r*

6. Baue die Wörter *Berg, Hand, Igel, sehr, kalt* auf!

B				
Be				
Ber				
Berg				

7. Schreibe die Sätze vollständig!

Mutter und Julia gehen in den ___ .
Mutter steigt über ___ *und* ___ .
Julia macht mit ihren ___ *einen* ___ .

8. Über die Anfangsbuchstaben der Namenwörter sind Blätter geweht.
Ergänze die Anfangsbuchstaben und schreibe die Geschichte richtig!

Im ◯ovember ◯ulia und ◯utter gehen in den ◯ald.
Die ◯uft ist sehr kalt. Über ◯ste und ◯lätter steigt ◯ulia.
Sie macht aus ihnen mit ihren ◯änden einen ◯erg.
Eine ◯ohnung für ◯gel?

18 achtzehn

bsv Das Sprachbuch 2 BW VA – Arbeitsheft

Zahlen!

„Bitte zahlen!", ruft Vater. Der Ober kommt.
Er fängt an zu schreiben. Es wird eine lange
Reihe. Die Familie hat eine Menge gegessen.
Das kostet viel. Mutter zahlt und gibt drei
Mark dazu. Der Ober geht zur Kasse.

Reihe rufen Mark Kasse essen geben zahlen

anfangen werden zur Menge kosten kommen

1. Spure die Lernwörter in der Brille nach! Sprich dabei deutlich! Schließe deine Augen! Welche Lernwörter hast du dir gemerkt?

2. Findest du Lernwörter (12)? Kreise sie farbig ein!

a	z	a	h	l	e	n	b	c	d
a	n	f	a	n	g	e	n	e	f
g	h	i	j	w	e	r	d	e	n
k	l	e	s	s	e	n	m	n	o
p	g	e	b	e	n	q	r	s	t
u	v	w	x	y	z	a	z	u	r

R	e	i	h	e	b	c	d	e	f
g	h	i	j	k	o	s	t	e	n
k	M	e	n	g	e	l	m	n	o
p	q	r	s	t	M	a	r	k	u
v	K	a	s	s	e	w	x	y	z
k	o	m	m	e	n	a	b	c	d

3. Erkennst du diese Wörter?

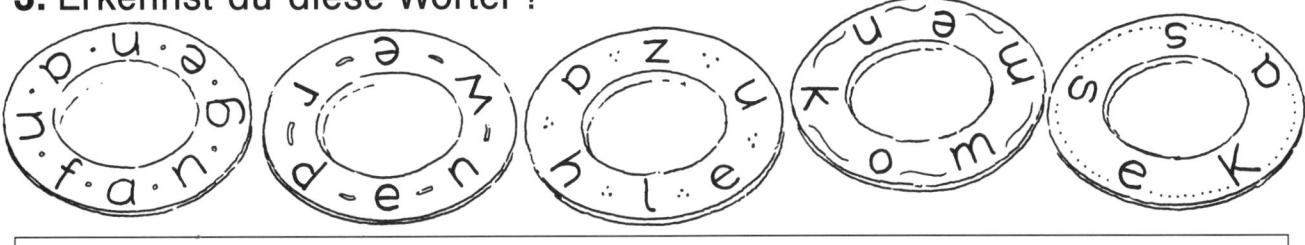

Original   Fälschung (7 Fehler)

4. Baue die Wörter *Reihe, Menge, Kasse, essen, geben, rufen* auf!

R
Rei
Reih
Reihe

5. Ordne richtig zu:

wir	er

essen kommt
gibt wird
isst rufen geben
kommen
ruft werden

6. Mache nach jedem Satz einen Punkt (8)! Schreibe die Geschichte dann in dein Heft!

Oma will zahlen Sie ruft den Ober Der Ober kommt und fängt an zu schreiben Es wird eine lange Reihe Die Familie hat eine Menge gegessen Oma bezahlt Drei Mark gibt sie dazu Der Ober geht zur Kasse

Im Dezember

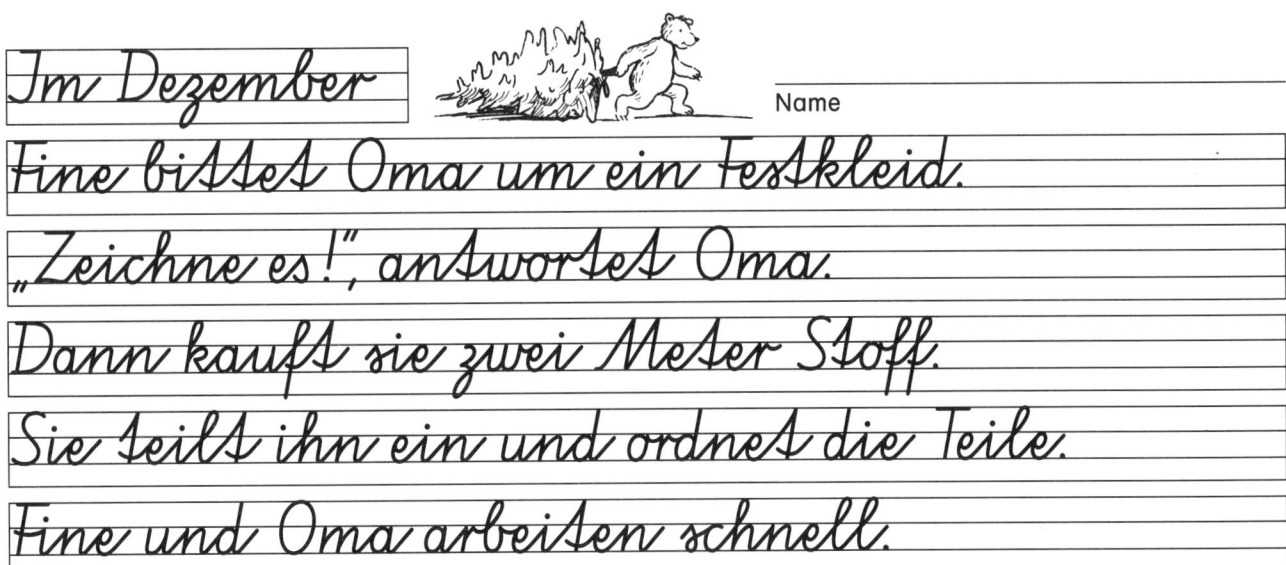

Name

Fine bittet Oma um ein Festkleid.
„Zeichne es!", antwortet Oma.
Dann kauft sie zwei Meter Stoff.
Sie teilt ihn ein und ordnet die Teile.
Fine und Oma arbeiten schnell.
Das Kleid wird schön.

Fest Dezember
Meter Stoff
zeichnen bitten
arbeiten

teilen
um antworten
dann ordnen
ihn schnell

Denke daran: Was musst du nachspuren und unterstreichen?

1. Ordne die Lernwörter nach der Anzahl der Buchstaben!

2
3
4

5
6

7
8
9

2. Suche die Lernwörter (9) und kreise sie ein!

a	d	a	n	n	b	F	e	s	t	c	d	u	m	e	f	g	i	h	n	h	i	j
k	l	z	e	i	c	h	n	e	n	m	m	n	a	n	t	w	o	r	t	e	n	o	p
q	r	s	c	h	n	e	l	l	s	t	S	t	o	f	f	u	M	e	t	e	r	v

bsv Das Sprachbuch 2 BW VA – Arbeitsheft

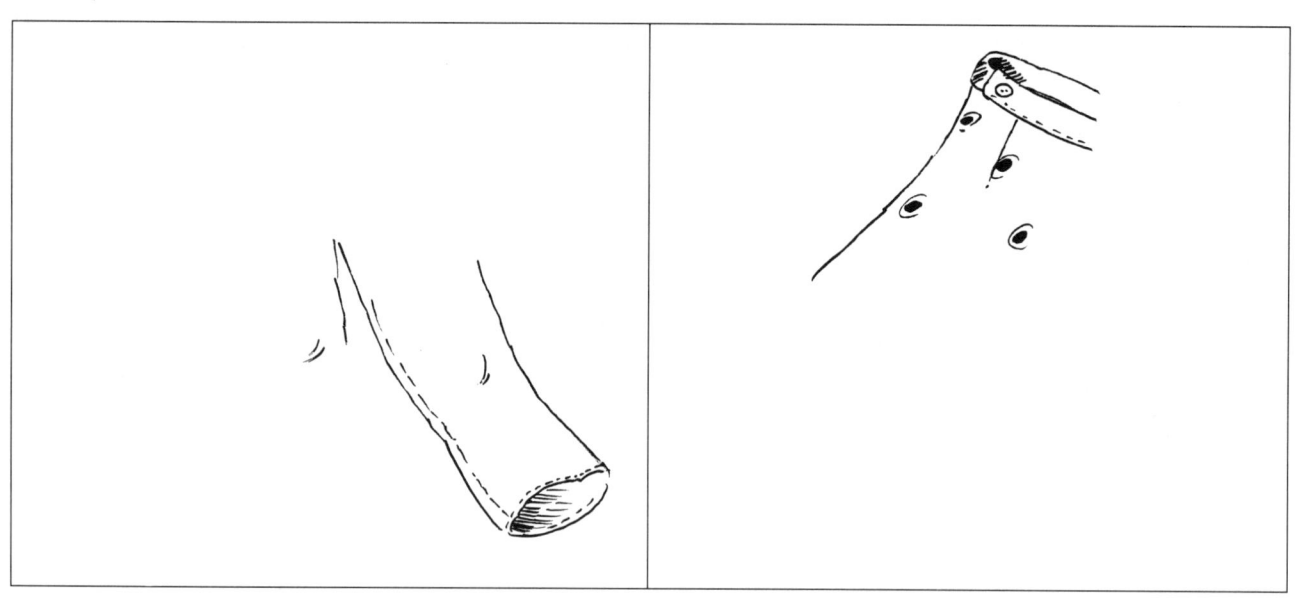

3. Male Rock und Hose fertig!

4. Ergänze in den Lernwörtern die fehlenden Buchstaben!

M...r, a.......n, d..n, b....n,
S...f, r.....l, D......r, o...n,
a......n, 1....n, i.n, F..1

5. In jedem Kleid steht ein Satz. Schreibe ihn!

6. Schreibe das Diktat *Im Dezember* in dein Heft!
Unterstreiche alle Lernwörter!

Ein Jahr

Name _____

Januar, Februar, März:
Der Schnee soll nun gehen.
April, Mai und Juni:
Ein großes Feuer könnt ihr sehen.
Juli, August und September:
Reich sind die Felder.
Oktober, November, Dezember:
Wer kommt durch die Wälder?

August Feld
Feuer Schnee
reich Januar
Februar sehen

März April
Mai Juni Juli
September
Oktober

1. Trage die Lernwörter in das Kreuzworträtsel ein!
Schreibe dazu in jedes Kästchen einen großen DRUCKBUCHSTABEN!

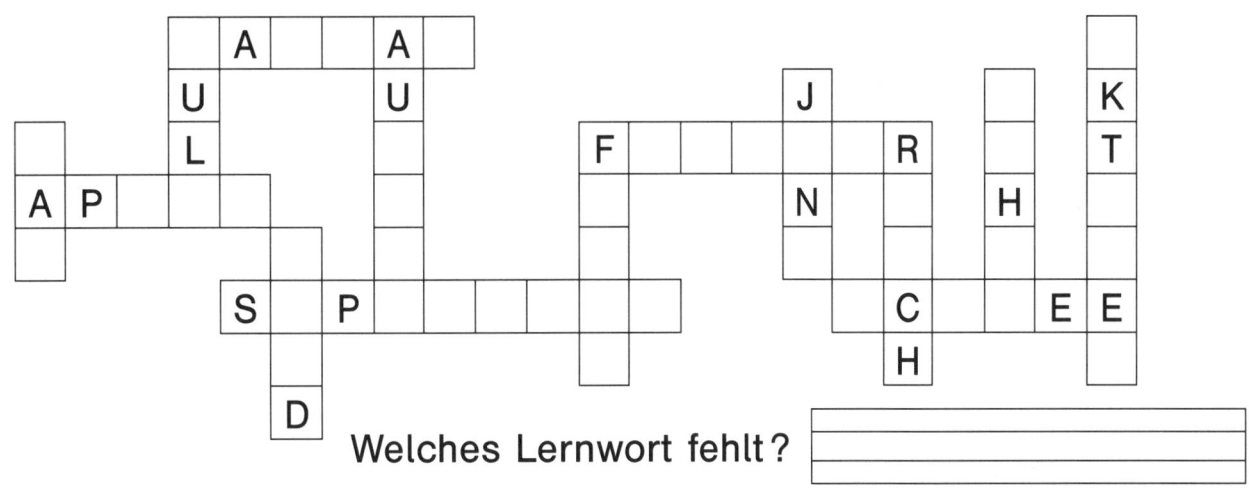

Welches Lernwort fehlt? _____

2. Lies das Diktat langsam!
Welche Zeilen kannst du auswendig sagen?

Original					Fälschung (7 Fehler)

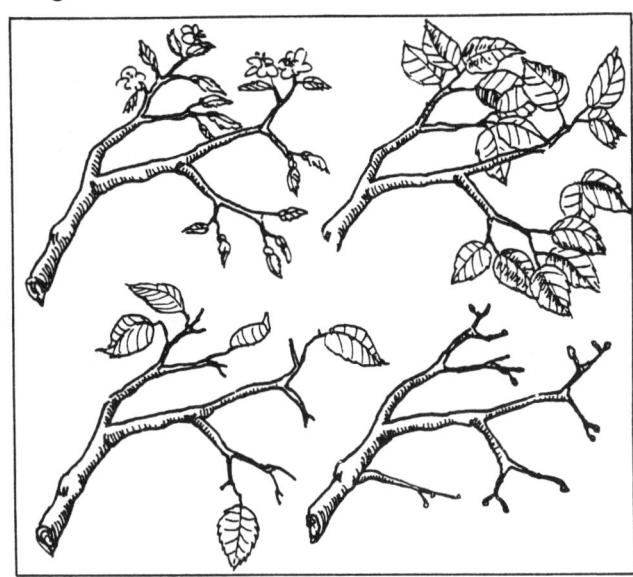 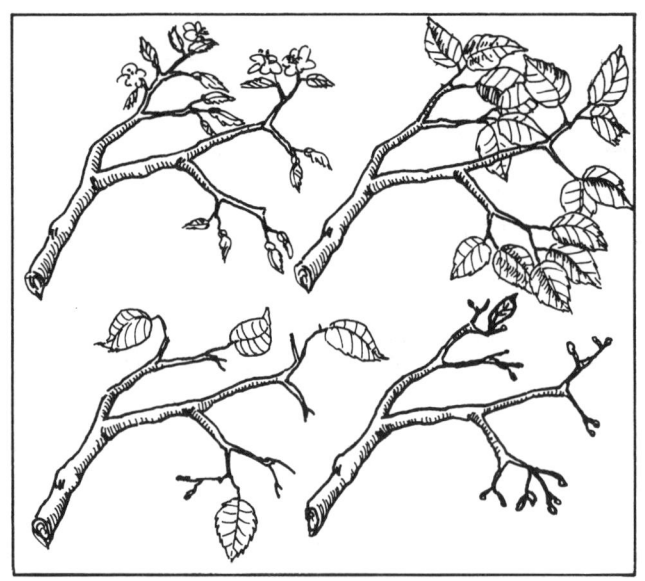

3. Erkennst du diese Wörter? Schreibe sie vollständig!

Fel… Feuer Schn… seh… r…h
…ai …uli Ju… M…z …anuar

4. Schreibe für die Abkürzungen die vollständigen Monatsnamen!

Okt., Apr., Dez., Febr., Nov., Jan., Aug., Sept.

5. Verbinde richtig! Schreibe die Sätze in dein Heft!

Ein Jahr   wird es kalt.
Im Januar und im Februar   sind die Äpfel reif.
Im März oder im April   ist Ostern.
Im Mai und im Juni   wird es warm.
Im Juli und August   liegt oft Schnee.
Im September und Oktober   liege ich im Sand.
Im November und Dezember   hat zwölf Monate.

Christians Großvater

Christian und sein Großvater verstehen sich gut. Oft nimmt Christian seine Bücher und geht zu ihm. Heute üben sie, wie man Wörter trennt. Christian lernt leicht. Selten irrt er sich. Er liest und rechnet gut.

Linkes Glas: lesen, rechnen, lernen, verstehen, üben

Rechtes Glas: oft, gut, irren, nehmen, trennen, leicht

1. Schließe deine Augen! Welche Lernwörter stehen im linken, welche stehen im rechten Glas?

2. Schreibe die Lernwörter!
Unterstreiche die Tunwörter (8) rot!

3. Suche die Lernwörter im Diktat! Vergleiche!
Welche Lernwörter (7) sind verändert? Unterstreiche sie!

4. Mache nach jedem Wort einen Strich! Schreibe die Wörter!

oftnimmttrennverstehenlerntliestrechnetleichtübengutirren

fünfundzwanzig 25

5. Christian hat auf dieser Seite ein Buch versteckt. Wo ist es?

6. Schreibe das passende Tunwort!

Übung –

Trennung – trennen

Verstand –

Irrtum –

Rechnung –

7. Welcher Schlüssel gehört zu welchem Haus?

Schlüssel: ich, du, sie

Haus 1: liest, trennst, verstehst
Haus 2: liest, trennt, versteht
Haus 3: lese, trenne, verstehe

ich lese, du   sie

ich

ich

8. Setze die Tunwörter *lesen, gehen, lernen, rechnen, üben* in der richtigen Form ein!

Christian und sein Vater ✎ zur Schule. In der Schule ✎ Christian viel. Er ✎ sehr gerne. Nach der Schule ✎ er in einem Buch. Dann ✎ er mit seiner Mutter.

Zwei Vögel

In der Nacht schläft alles tief.
Aber dieser Vogel singt.
Der zweite Vogel fliegt in fremde Nester.
Dabei nennt er dir seinen Namen.
Kluge Köpfe sollen raten.

Nachtigall, Kuckuck

schlafen   aber tief
Nacht singen   Kopf dir
fliegen   nennen

1. Schreibe die Lernwörter! Spure *ie* (2) farbig nach!

2. Immer zwei Vögel bilden ein Paar. Male sie mit der gleichen Farbe an! Schreibe dann die Wörter!

-gen, -fen, -gen, Näch-, nen-, flie-, -nen, -te, -fe, sin-, Köp-, schla-

3. Reime!

Kopf – T.....   fliegen – l.....   singen – br.....
Nacht – Pr.....   nennen – r.....   tief – sch.....

4. Schreibe die richtigen Wörter unter die Bilder!

Vogel   Vögelchen   Kopf   Köpfchen

Affe   Äffchen   Hund   Hündchen

Maus   Mäuschen   Haus   Häuschen

5. Ordne die Tunwörter richtig zu!

Im Nest ___ ein Vogel.
Viele Vögel ___ laut.
Junge Vögel ___ nicht.
Ein Vogel ___ seinen Namen.

fliegen   nennt   schläft   singen

6. So ein Unsinn! Schreibe die Sätze mit den passenden Tunwörtern!

In der Nacht schnarchen Vögel tief. Doch ein Vogel weint. Am Tag gehen viele Vögel zu ihren Nestern. Ein Vogel hustet dir seinen Namen.

fliegen   singt   nennt   schlafen

28   achtundzwanzig

Wiederholung der Lernwörter
(Seite 17 bis Seite 28)

Das Abc

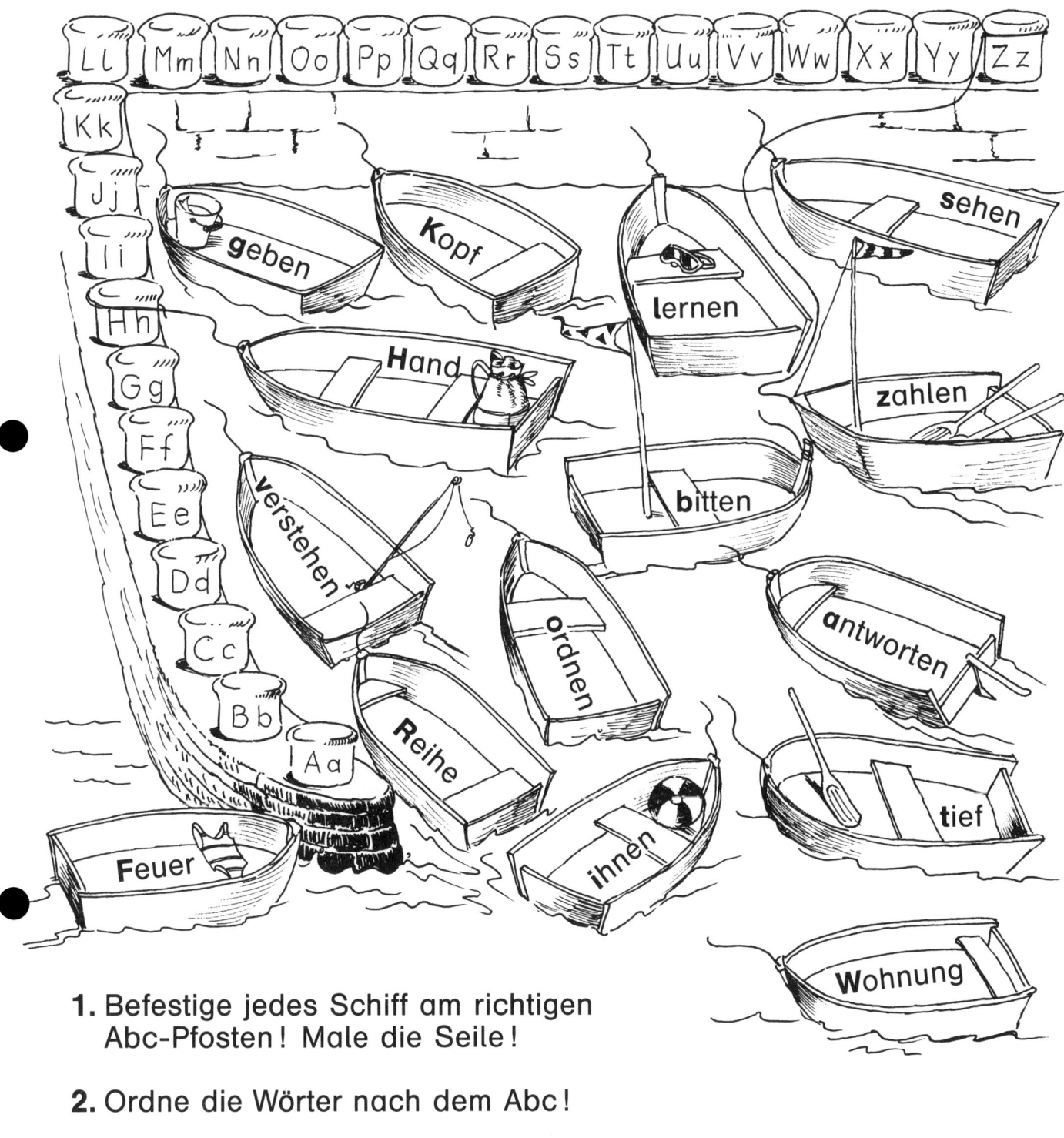

1. Befestige jedes Schiff am richtigen Abc-Pfosten! Male die Seile!

2. Ordne die Wörter nach dem Abc!

Wiederholung der Lernwörter
(Seite 17 bis Seite 28)

3. Manche Bullaugen sind nicht beschriftet.
Setze die richtigen Buchstaben aus dem Abc ein!

4. Ordne folgende Wörter nach dem Abc:

Igel, Berg, gehen, von, fallen, essen, anfangen, werden, rufen, kommen, Meter, zeichnen, Hand, teilen, um, dann, Januar, oft, leicht, Nacht, September

5. Ab Seite 59 ist dein Lernwortschatz aufgelistet. Zu welchen Buchstaben gibt es dort kein Wort? Schreibe diese Buchstaben (3)!

6. Auf der Rückseite dieses Heftes findet ihr ein lustiges Abc-Spiel.
Die Spielanleitung steht auf Seite 93.

Viel Spaß!

Gute Luft

Gesunde Bäume liefern gesunde Luft.
Toms Vater warnt: Schlechte Luft macht
Bäume krank. Deshalb lässt Toms Vater
den Wagen oft vor dem Haus stehen.
Er nimmt den Bus oder den Zug.
Das hilft den Bäumen. Weißt du, warum?

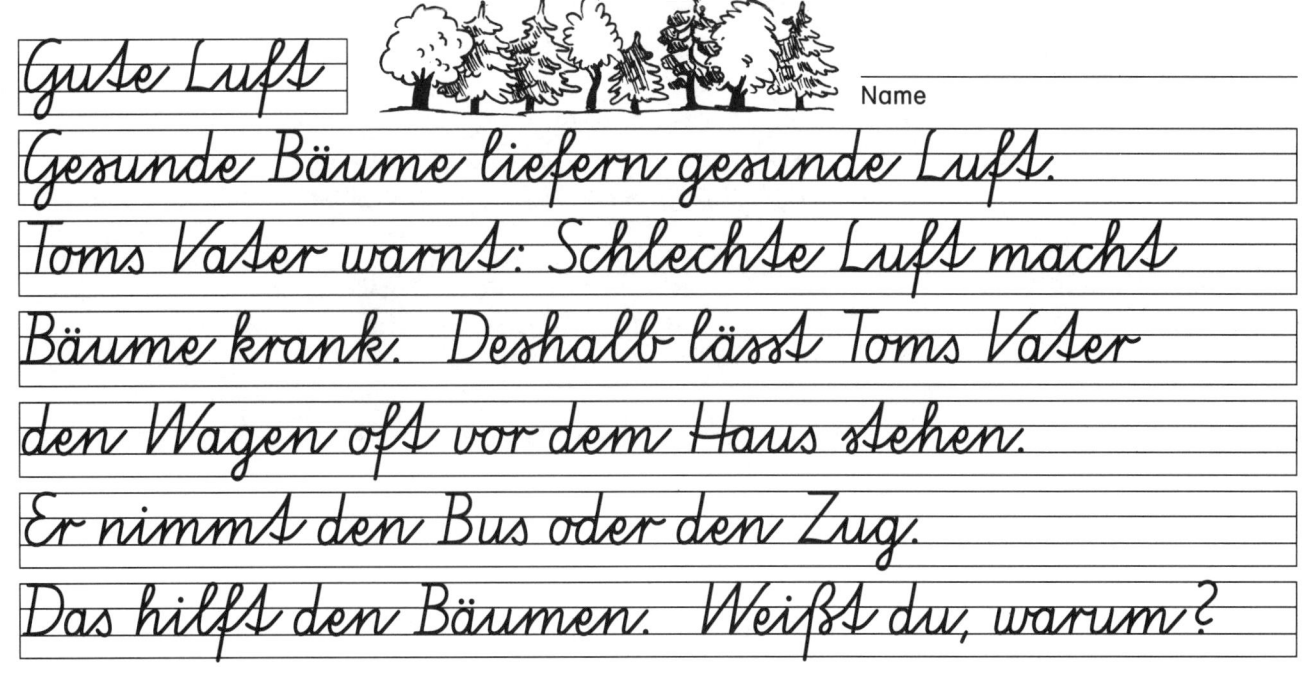

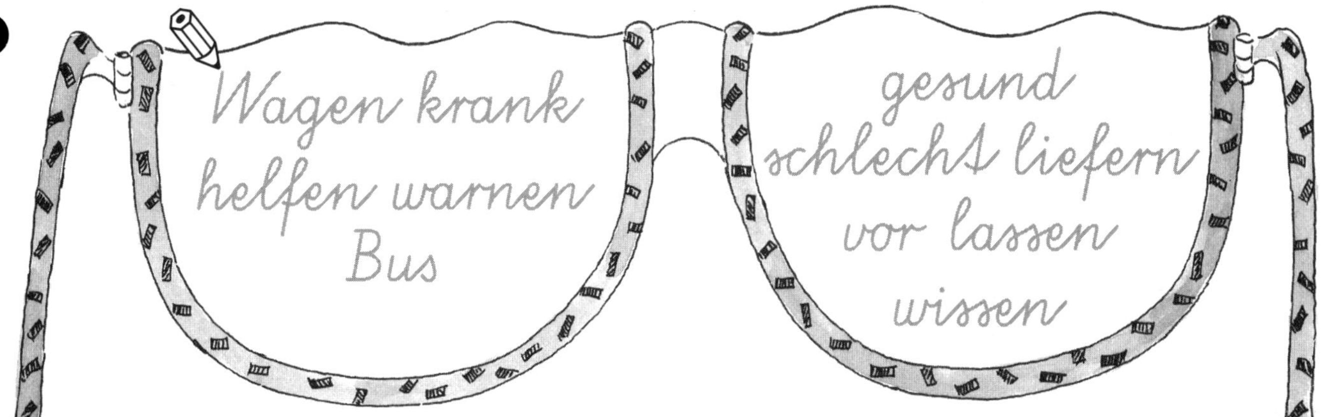

Wagen krank helfen warnen Bus

gesund schlecht liefern vor lassen wissen

1. Unterstreiche die Lernwörter im Diktat!

2. Welches Lernwort passt in welchen Rahmen?

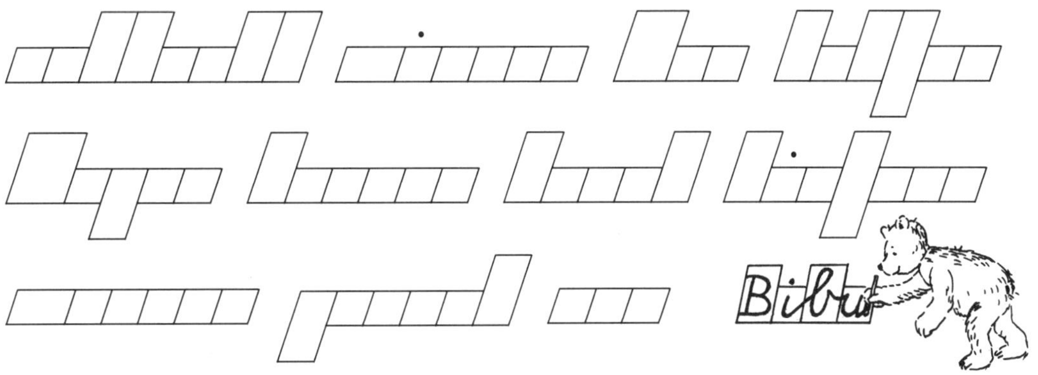

Bibu

3. Bär Bibu fährt im Silbenzug. Welche Silben gehören zusammen?
Male sie mit der gleichen Farbe an! Schreibe die Wörter ins Heft!

war	wis	ge	nen	sund	fen
las	hel	lie	sen	fern	sen

einunddreißig 31

4. In diesem Wald sind Lernwörter versteckt. Schreibe sie auf!

(im Wald versteckt: gesund, vor, schlecht, krank, Bus)

5. Finde zu jedem Namenwort das passende Tunwort!

Lieferung   *Warnung*   *Hilfe*

6. Ergänze die Tunwörter: ✶ *wissen* ✶ *lassen* ✶ *stehen* ✶ *helfen*!
Pass auf, manche Tunwörter musst du verändern!

Vater ✶ *das Auto* ✶. *Das* ✶ *den Bäumen.* ✶ *du, warum?*

7. Mache zuerst nach jedem Wort einen Strich! Schreibe die Geschichte richtig! Achte auf die Groß- und Kleinschreibung!

IST DIE LUFT GUT? BÄUME LIEFERN GESUNDE LUFT. DER VATER WARNT: SCHLECHTE LUFT MACHT BÄUME KRANK. VATER NIMMT OFT DEN BUS ODER DEN ZUG. ER LÄSST DEN WAGEN VOR DEM HAUS STEHEN. DAS HILFT DEN BÄUMEN. DU WEISST, WARUM!

Peter  Name

Eines Tages sendet Peter Oma einen Brief.
Er dankt für die neue, enge Hose.
Peter wünscht sich von seinen Eltern ein
Taschenmesser. Das erlaubt seine Mutter nicht.
Peter denkt, Oma kann ihm helfen.

Messer Hose Brief wünschen senden

erlauben eng danken eines denken

1. Spure die Lernwörter in der Brille nach! Schließe deine Augen!
Welche Wörter stehen im linken, welche stehen im rechten Glas?

2. Suche aus den Lernwörtern die Namenwörter (3) und die
Tunwörter (5) heraus und schreibe sie auf!

3. Unterstreiche in dem Diktat die veränderten Lernwörter (8)!

4. Kreise die Lernwörter (10) ein!

a	M	e	s	s	e	r	b	c	d	e	f	e	r	l	a	u	b	e	n
e	n	g	g	h	e	i	n	e	s	i	j	w	ü	n	s	c	h	e	n
B	r	i	e	f	k	H	o	s	e	l	m	s	e	n	d	e	n	n	o
p	q	d	e	n	k	e	n	r	s	d	a	n	k	e	n	t	u	v	w

Original   Fälschung (7 Fehler)

5. Lies genau! Sprich genau! Schreibe nur die <u>Lern</u>wörter (5)!

Hose, Hase, eines, einer, Messer, Messe, Brei, Brief, ein, eng

6. Finde zu jedem Namenwort das passende Tunwort!

der Dank	der Gedanke	die Sendung	die Erlaubnis	der Wunsch

7. Verändere die Tunwörter auf den Briefen! Setze sie richtig in die Sätze ein! Schreibe die Sätze vollständig auf!

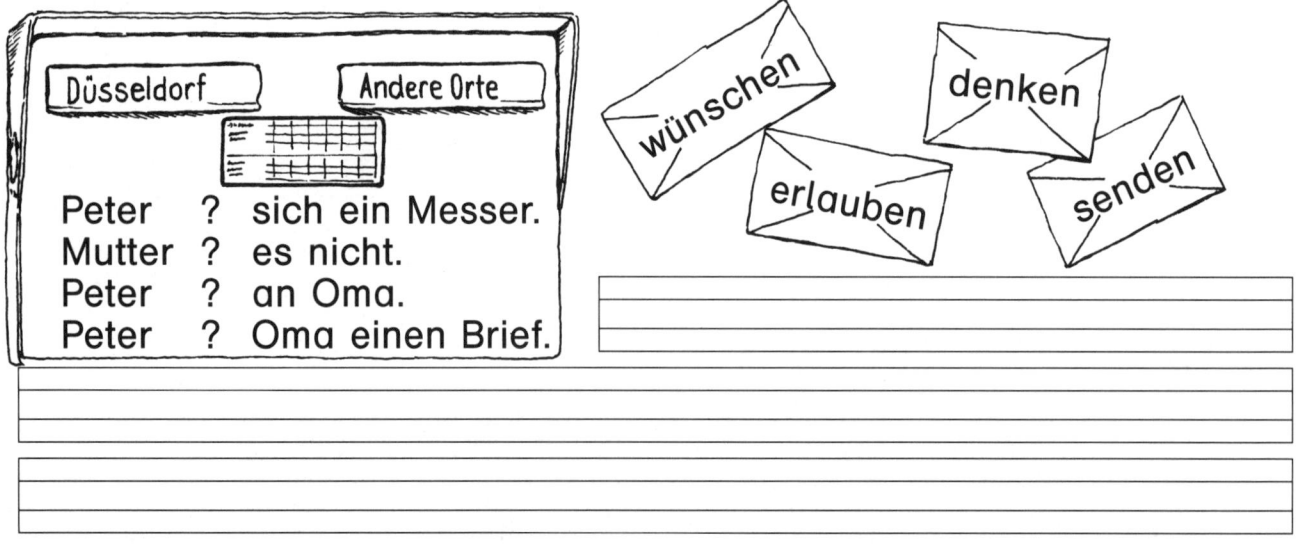

Peter ? sich ein Messer.
Mutter ? es nicht.
Peter ? an Oma.
Peter ? Oma einen Brief.

wünschen, denken, erlauben, senden

8. Schreibe das Diktat! Trenne dabei alle mehrsilbigen Wörter (19)!

Aus einem fernen Land

Heute kommt ein fremdes Kind in Peters Klasse.
Es hat schwarze Haare und trägt Ohrringe.
Die Schulsachen hält es fest in seiner Hand.
Das stille Kind sitzt auf seinem Platz.
Peter fragt es nach dem Namen.

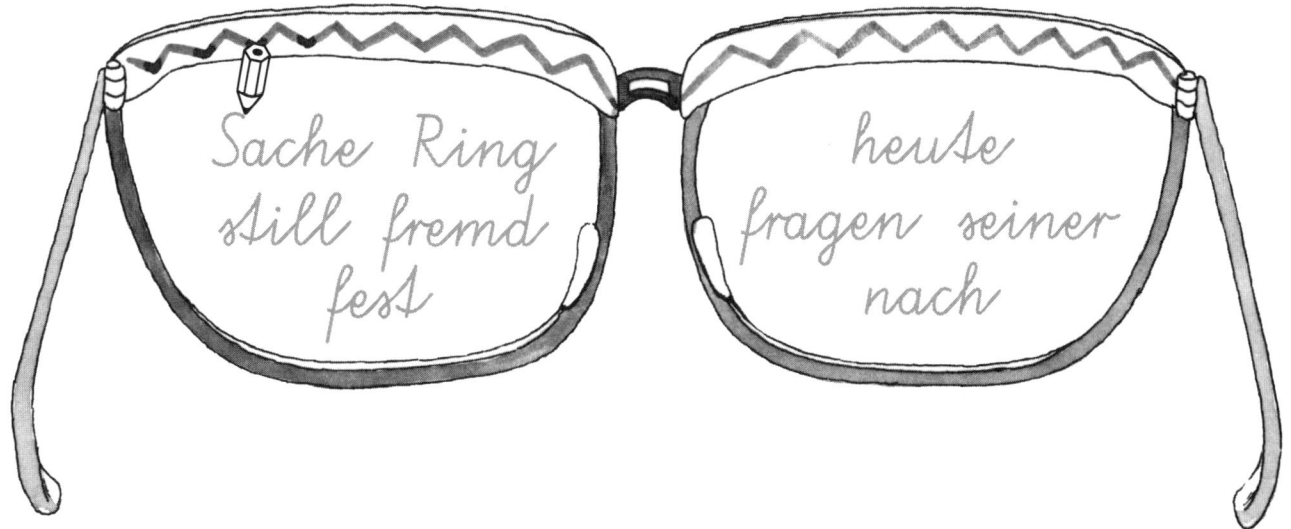

Sache Ring still fremd fest

heute fragen seiner nach

1. Unterstreiche die Lernwörter in dem Diktat!

2. Reime mit den Lernwörtern!

Ding, Nest, will,

Leute, sagen,

Wache, Hemd,

meiner,

3. Setze waagerecht → passende Lernwörter ein! Verwende große DRUCKBUCHSTABEN!

Das Lösungswort heißt:
→

Original   Fälschung (7 Fehler)

4. Welche Wiewörter passen zu diesen Namenwörtern?

die Stille   der Fremde   das Schwarze   die Ferne

5. Jeweils zwei Wiewörter haben eine ähnliche Bedeutung.
Male sie mit der gleichen Farbe an!

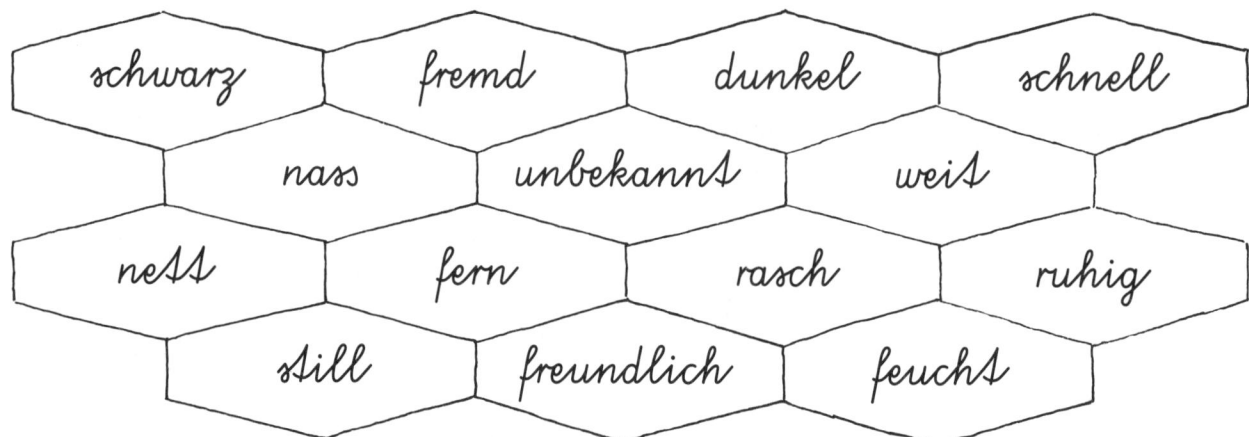

6. Für Diktatdetektive! Schreibe die folgende Geschichte ab!
Du entdeckst fünf Wiewörter, die nicht in deinem Diktat vorkommen.
Unterstreiche sie!

Heute ist in Peters Klasse ein kleines, fremdes Kind. Es hat lange, schwarze Haare und trägt rote Ohrringe. Die bunten Schulsachen hält es in seiner Hand. Das stille Kind sitzt auf seinem neuen Platz.

Kennst du meinen Freund?

Mein Freund geht bei Fuß.

Er ist ein ewiger Feind der Katzen.

Oft läuft er um mich herum.

Ich bin sein Herrchen. Mir folgt er aufs Wort.

Er dient als Wächter und ist treu.

Fuß
Wort Feind
treu dienen
Herr

kennen
bei mir mich
folgen her
ewig

1. Geheimschrift! Erkennst du die Lernwörter?

/ / / /   / / / / /   / / /   / / / /   / / / / / /

/ / /   / / / /   / / / / /   / / /   / / / /

Bibu

2. Setze die Tunwörter richtig ein!

bin
läufst   diene   folge
folgst   kennst
kenne   laufe   dienst
bist

ich	du

3. Male!
Bello hat ein geflecktes Fell und lange Ohren.
Seine Augen sind braun. Vor Bello liegt ein dicker Knochen.
Bello hat eine große Hundehütte.

4. Welche Wurst gehört in welchen Napf?
Schreibe die Wörter, die zusammenpassen!

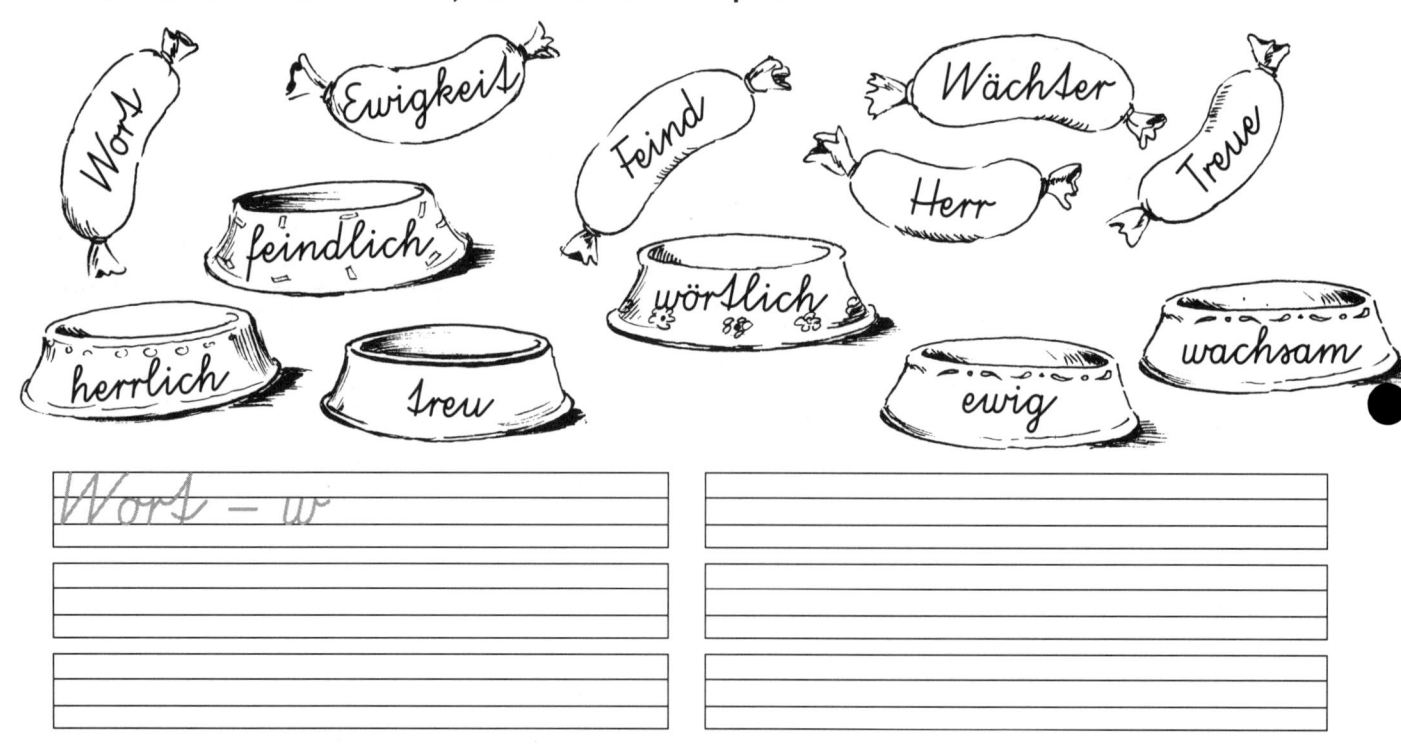

Wort – wörtlich

5. Mache nach jedem Satz einen Punkt (6)!
Schreibe dann die Geschichte ab!

Du kennst meinen Freund Er geht bei Fuß Oft läuft er um Katzen herum Mir folgt er aufs Wort Ich bin sein Herrchen Er ist ewig treu und dient als Wächter

Michael in Not

Der kleine Michael isst Blumen.
Er muss brechen. Mutter läuft rasch zu ihm.
Michael kommt gleich ins nahe Krankenhaus,
weil er sehr krank ist.
Bis zum Abend bleibt Mutter bei Michael.

Abend
Not brechen
nah

bis ihm
gleich rasch
weil

1. Spure die Lernwörter in der Brille nach! Schließe deine Augen!
Welche Lernwörter stehen links, welche stehen rechts?

2. Erkennst du die Lernwörter?

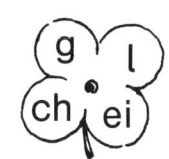

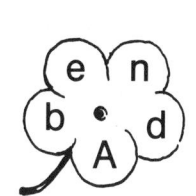

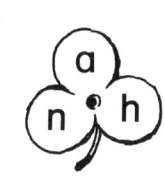

3. Hier kannst du Namenwörter zusammensetzen:

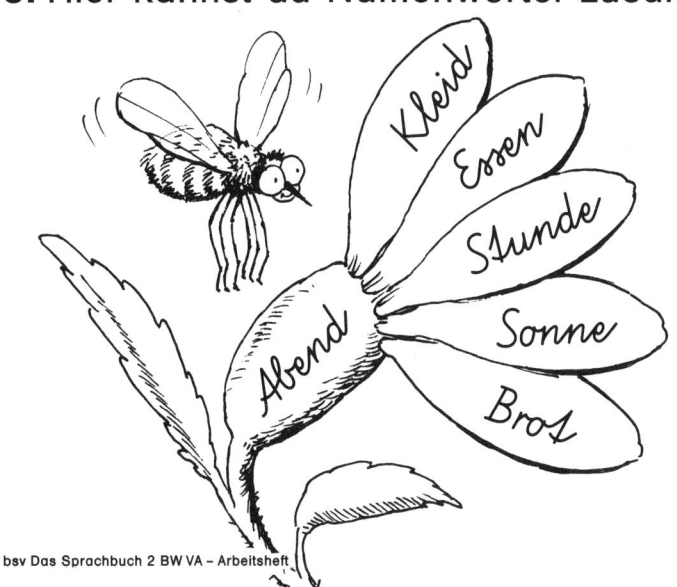

Kleid, Essen, Stunde, Sonne, Brot, Abend

Original   Fälschung (7 Fehler)

4. Lies genau! Sprich genau! Schreibe nur die <u>Lern</u>wörter (9)!

nah, nach, ihm, ihn, im, weil, weit, bis, bin, Note, Not, Abend, Abende, gleich, gleichen, reich, rasch, brauchen, brechen

5. Bilde sinnvolle Sätze!

Der	ist	kleine Michael	krank.
kommt	Er		ins nahe Krankenhaus.
bei ihm.	Die Mutter		bleibt
bald	gesund.	Michael	ist

Der

6. Schreibe das Diktat ab! Trenne dabei alle mehrsilbigen Wörter (12)!

Kran — ken — haus   Mut — ter

40　vierzig

bsv Das Sprachbuch 2 BW VA – Arbeitsheft

Ein Geist?

Es ist dunkel. Da sieht Maria große, wilde Flügel. Sie ziehen am Fenster vorbei.
Maria verliert nicht den Mut.
Sie greift nach ihrer Puppe und eilt zum Licht.
Es ist nichts zu sehen.

Flügel Puppe Geist Licht Fenster wild

verlieren dunkel ziehen greifen eilen ihre

1. Trenne alle mehrsilbigen Lernwörter (9)!

Welche Wörter (3) kannst du nicht trennen?

2. Geheimschrift! Erkennst du die Lernwörter?

3. Schreibe weitere Lernwörter selber in Geheimschrift und als Wort!

4. Auf dieser Seite haben vier Geister ein Lernwort versteckt. Wie heißt es?

5. Lernwörter-Rätsel! Verwende große DRUCKBUCHSTABEN!

```
G _ _ _ _ _ _     H   Z
          G           _ _ K _
    L   Ü   V _ _ _ _ _ P
            D             P
                          F _ _
        C H
```

6. Lies genau! Sprich genau! Schreibe nur die Lernwörter (8)!

Geist, Gast, wild, wird, ziehen, zielen, Licht, Lift, Puppe, Pumpe, Flügel, Flegel, Fenster, finster, verlieren, verlegen

7. Du findest diese Wörter im Diktat. Ergänze die fehlenden Buchstaben!

..ppe, ..nst.., ..ü..., ...ft, .ich.., ...ier., ..nk.., L.ch..,
..lt, vo...., ..t, ..ri., ..ld.

8. Suche im Lernwortschatz ab Seite 59 Wiewörter, die zu einem Geist passen!

Hu-Hu! Geisterstunde! Male einen Geist!

9. Schreibe das Diktat ab! Kreise die Namenwörter (8) blau, die Tunwörter (8) rot und die Wiewörter (3) grün ein!

Wiederholung der Lernwörter
(Seite 31 bis Seite 42)

Das Abc – einmal anders!

A Be Ce De E Ef Ge Ha I Jot Ka El Em En O Pe Qu Er Es Te U Vau We Ix Ypsilon Zet

1. Welche Buchstaben im Abc brauchen noch andere Buchstaben, damit du sie deutlich aussprechen kannst?
   Spure diese Buchstaben (21) nach!

   Sie heißen **Mitlaute**.
   Sie klingen besser **mit** anderen Buchstaben.

2. Einige Buchstaben klingen **selbst**.
   Lies das Abc und kreise diese
   Buchstaben (5) ein!

   Sie heißen **Selbstlaute**.
   Schreibe die Selbstlaute in den offenen Mund!

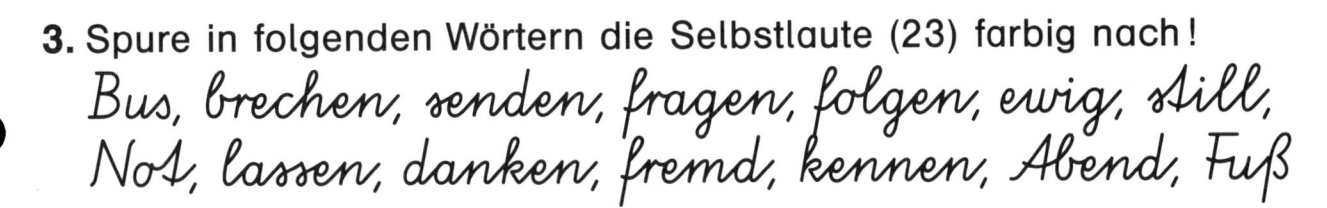

3. Spure in folgenden Wörtern die Selbstlaute (23) farbig nach!

   *Bus, brechen, senden, fragen, folgen, ewig, still,
   Not, lassen, danken, fremd, kennen, Abend, Fuß*

4. In den Namen der Kinder findest du **Selbstlaute** (11).
   Schreibe jedem Kind seine Selbstlaute auf das Hemd!

   Maria   Christian   Susanne   Pedro   ich: _____

Wiederholung der Lernwörter
(Seite 31 bis Seite 42)

Versteckte Wörter 1

Hier verstecken sich Wörter.
Finde und schreibe sie!

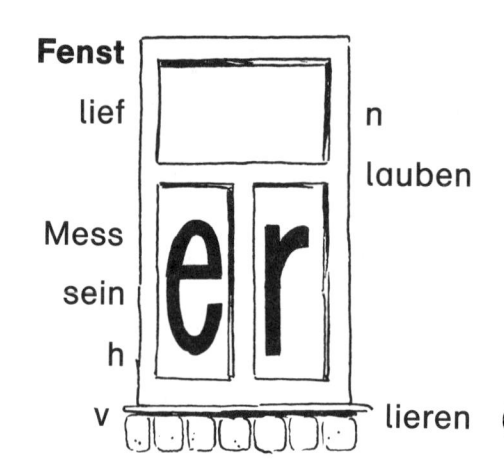

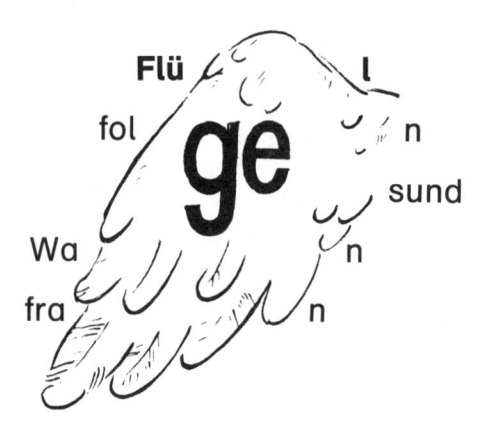

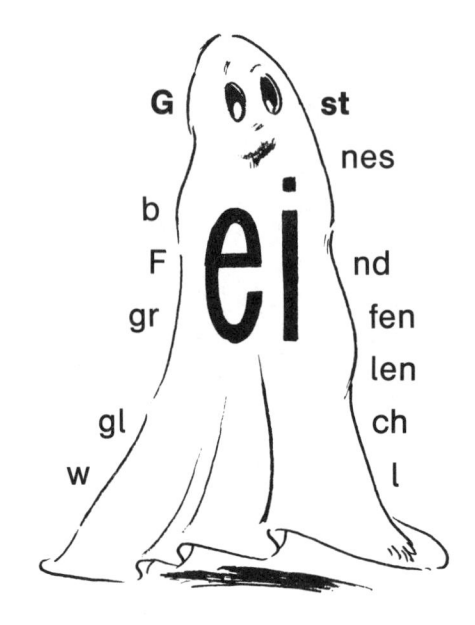

vierundvierzig

Eine Wunde

Markus tritt Tom. Tom fällt hin und blutet.
Er schreit und zeigt auf seine offene Wunde.
Markus hebt Tom auf und sagt:
„Es tut mir Leid. Ich verbinde deine Wunde."
Markus fasst Tom an der Hand.

Wunde
bluten treten
heben binden
schreien

zeigen
offen fassen
tun an
seine

1. Schreibe die Lernwörter! Schreibe das Namenwort blau und die Tunwörter (8) rot!

2. Unterstreiche im Diktat die veränderten Lernwörter (9)!

3. Welche Silben gehören zusammen? Kreise sie mit gleicher Farbe ein! Schreibe die Wörter (9) so in dein Heft: *Wun - de, Wunde*

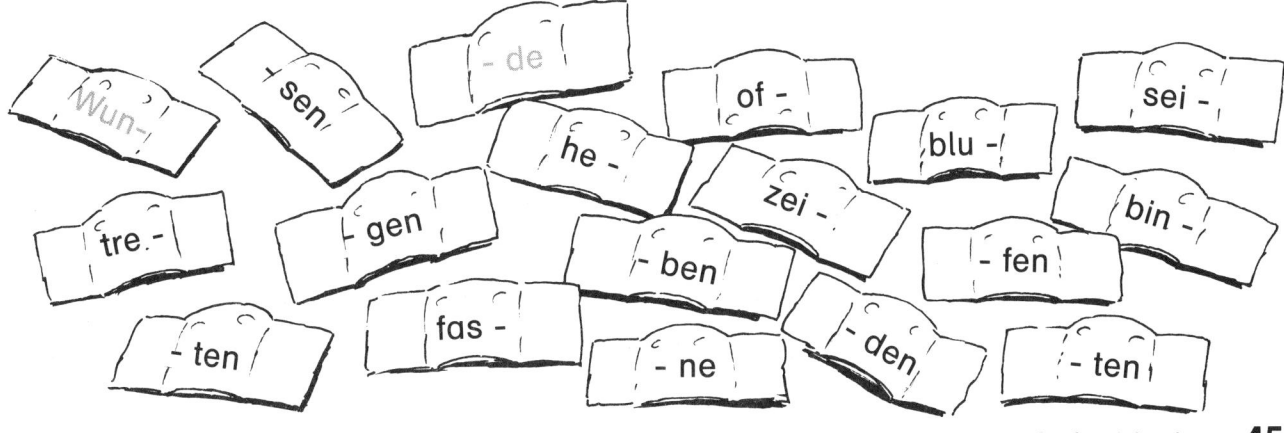

Wun- / -sen / -de / of- / sei- / he- / blu- / tre- / -gen / zei- / bin- / -ben / -fen / -ten / fas- / -ne / -den / -ten

4. Packe die Mullbinden in die richtigen Kästchen!

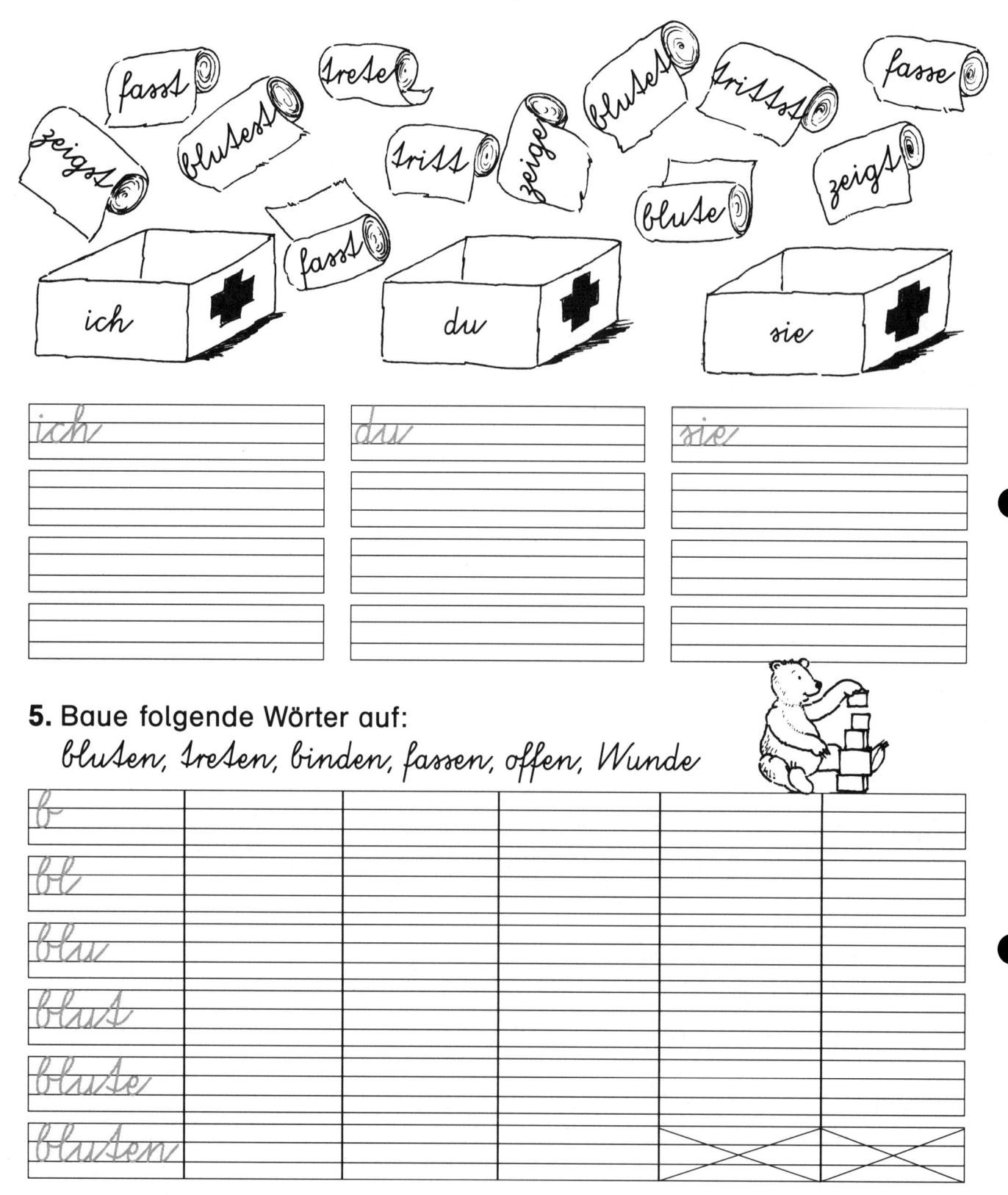

Mullbinden: fasst, tretet, blutest, tritt, blutet, tritts, fasse, zeigst, blutest, zeige, blute, zeigt, fasst

ich	du	sie

5. Baue folgende Wörter auf:
bluten, treten, binden, fassen, offen, Wunde

b					
bl					
blu					
blut					
blute					
bluten					

6. Mache nach jedem Wort einen Strich! Schreibe die Geschichte in dein Heft! Achte auf die Groß- und Kleinschreibung!

MARKUSTRITTAUFEINENBALL.ERFÄLLTHINUNDSCHREIT.
MARKUSZEIGTAUFSEINEOFFENEWUNDE.SIEBLUTET.
SEINFREUNDTOMFASSTIHNANDERHANDUNDHEBTIHNAUF.
MARKUSTUTIHMLEID.RASCHVERBINDETTOMDIEWUNDE.

Weißt du, was ich meine?
Ja oder nein?
Er rollt. Er hat keinen Anfang und kein Ende.
Er hat innen Luft. Alle Kinder spielen mit ihm. Wasser trägt ihn. Fußballspieler mögen ihn trocken und nicht zu weich.

Name

Wasser
Ende rollen
trocken
weich

innen
meinen ja
nein alle
mögen

1. Welches Lernwort passt in welchen Rahmen?

2. Erkennst du die Lernwörter?

Original   Fälschung (8 Fehler)

3. Lies genau! Sprich genau! Schreibe nur die <u>Lern</u>wörter (9)!

innen, irren, nein, nun, Ende, Ente, alle, alte, trocken, trinken, robben, rollen, ja, Jahr, meinen, meinem, mögen

4. Male die passenden Paare (7) mit der gleichen Farbe an!

mö-, En-, -nen, -len, al-, -nen, in-, Was-, rol-, -le, -ser, -de, mei-, -gen

Schreibe so: *Was - ser, Wasser*

5. So ein Unsinn! Finde für die unterstrichenen Wörter das Gegenteil!

Das <u>Feuer</u> trägt ihn. Du <u>arbeitest</u> mit ihm.
Er hat <u>außen</u> Luft. Alle Fußballspieler mögen ihn <u>nass</u>.
Bist du am <u>Anfang</u>?

Vor langer Zeit

Name

Dino ist ein junger Dinosaurus und sehr klein. Ein scharfer Wind treibt ihn zur Seite. Er leidet. Doch Dino hat Glück. Er läuft in einen Wald. An diesem Ort ist Dino sicher. Er freut sich.

Wind Seite Glück Zeit Ort

jung leiden freuen treiben scharf sicher

1. Ordne die Lernwörter nach der Anzahl ihrer Buchstaben!

mit 3 Buchstaben

mit 5 Buchstaben

mit 6 Buchstaben

mit 4 Buchstaben

mit 7 Buchstaben

2. Findest du Lernwörter (10)? Kreise sie ein!

W	i	n	d	a	b	c	j	u	n	g	d	e	f	g	Z	e	i	t	h
i	j	k	t	r	e	i	b	e	n	l	f	r	e	u	e	n	m	n	o
S	e	i	t	e	p	q	r	s	t	u	v	s	i	c	h	e	r	w	x
l	e	i	d	e	n	y	z	G	l	ü	c	k	a	s	c	h	a	r	f

3. In dem Diktat sind fünf Lernwörter verändert. Unterstreiche sie!

4. Erkennst du die Wörter?

GlückjungSeitetreibensicherOrtscharf

---

5. Schreibe die Reimwörter in dein Heft!

leiden (kl, schn, w)   Wind (K, R, s, bl)   Glück (St)
treiben (schr, r, bl)   Ort (W, d, f, H)   Seite (W, Br)

6. Finde das Gegenteil!

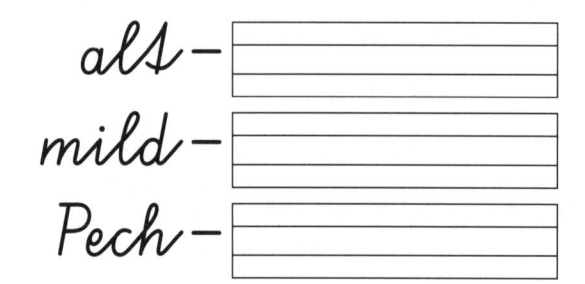

alt –
mild –
Pech –

trauern –
groß –
unsicher –

7. Schreibe folgende Geschichte ab! Ersetze dabei jedes unterstrichene Wort durch sein Gegensatzwort!

Ein <u>milder</u> Wind treibt Dino zur Seite. Dino ist <u>alt</u> und sehr <u>groß</u>. Da hat Dino <u>Pech</u>. Er läuft in einen Wald. An diesem Ort ist Dino <u>unsicher</u>. Nach <u>langer</u> Zeit ist der Wind vorbei.

Liebst du Roboter?

Gib einem Roboter den ersten Preis!

Roboter 1 bringt dich zur Schule.

Mit Roboter 2 musst du nie mehr arbeiten.

Roboter 3 macht schwere Aufgaben einfach.

Roboter 4 lacht nur. Roboter 5 besiegt böse Geister. Nun triff eine klare Entscheidung!

Preis
lachen siegen
lieben bringen

einem
nie einfach
klar nur

1. Schreibe die Lernwörter! Schreibe das Namenwort blau, die Tunwörter (4) rot und die Wiewörter (2) grün!

2. Oh je! Roboter 4 hat alle Selbstlaute vergessen!

n_r   br_ng_n   kl_r   l_ch_n

3. Roboter 3 schreibt so:

LIEBENPREISEINFACHNIESIEGEN

4. Reime!

siegen (fl, l, b)   *lachen (kr, S, m)*   *Preis (Kr, R, Gl)*
nur (st, z, K)   *bringen (s, kl, r)*   *nie (Kn, s, w)*

Original   Fälschung (8 Fehler)

5. Lernwörterrätsel!
Verwende große
DRUCKBUCHSTABEN!

Welches Lernwort fehlt?

```
  I   B           I       M
              G
      G       A
                  U
      I           P
```

6. Bilde Fragesätze! Denke an die Satzzeichen!

Bringt zur Schule dich Mutter
Muss nie mehr arbeiten Opa
Macht einfach Oma schwere Aufgaben
Kannst lachen mit Vater du

7. Verbinde zu passenden Ausrufesätzen! Denke an die Satzzeichen!

So ein Glück,   ich muss nie mehr arbeiten
Oh je,   wir lachen nur
Prima,   er macht einfache Aufgaben schwer
Oh nein,   er bringt mich zur Schule
Wie schön,   er besiegt gute Geister

Ein Diktat

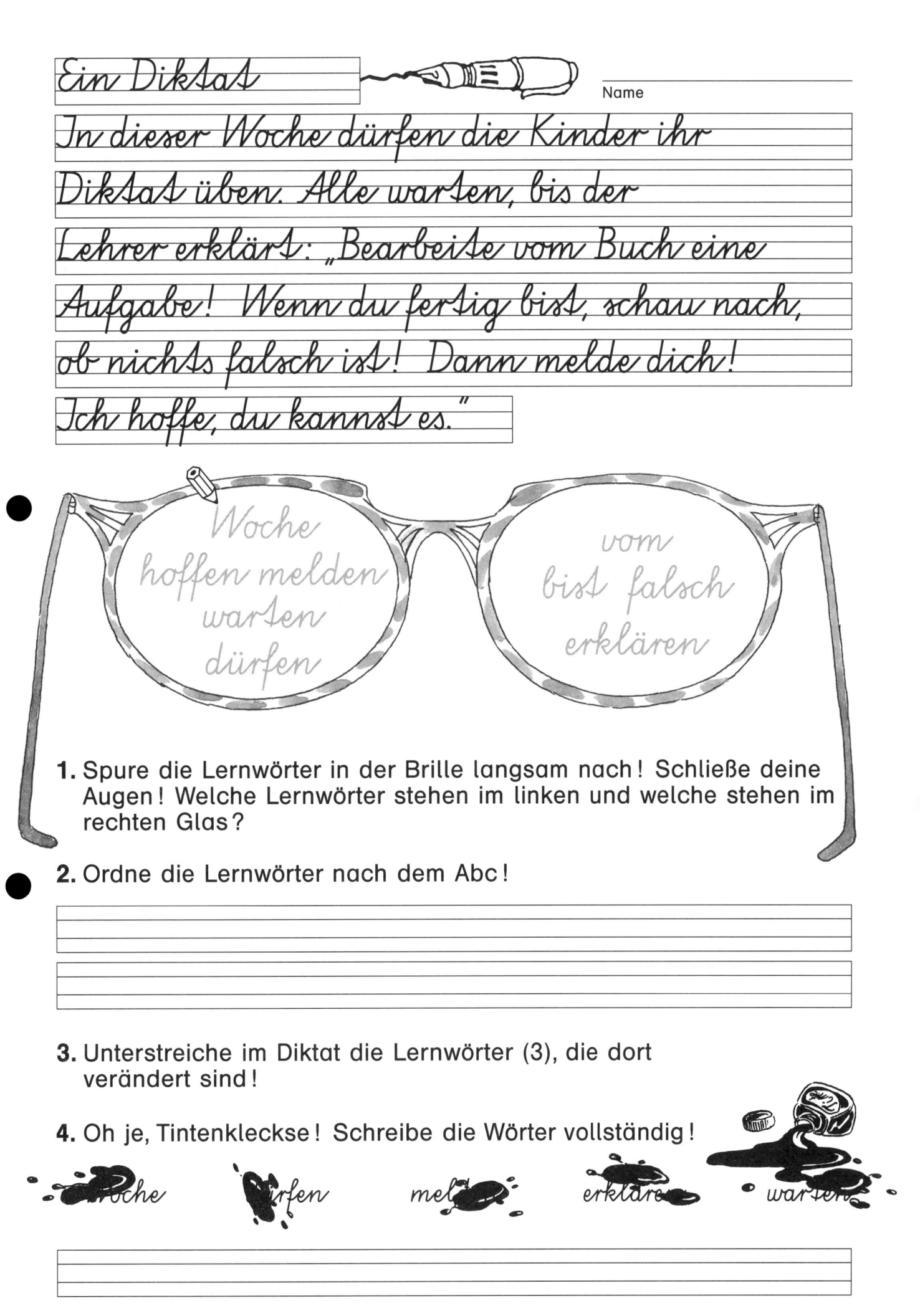

In dieser Woche dürfen die Kinder ihr Diktat üben. Alle warten, bis der Lehrer erklärt: „Bearbeite vom Buch eine Aufgabe! Wenn du fertig bist, schau nach, ob nichts falsch ist! Dann melde dich! Ich hoffe, du kannst es."

Linkes Glas: Woche, hoffen, melden, warten, dürfen

Rechtes Glas: vom, bist, falsch, erklären

1. Spure die Lernwörter in der Brille langsam nach! Schließe deine Augen! Welche Lernwörter stehen im linken und welche stehen im rechten Glas?

2. Ordne die Lernwörter nach dem Abc!

3. Unterstreiche im Diktat die Lernwörter (3), die dort verändert sind!

4. Oh je, Tintenkleckse! Schreibe die Wörter vollständig!

Woche   dürfen   melden   erklären   warten

5. Schreibe die passenden Tunwörter: *hoffe, wartet, melden, erklärt, darfst*

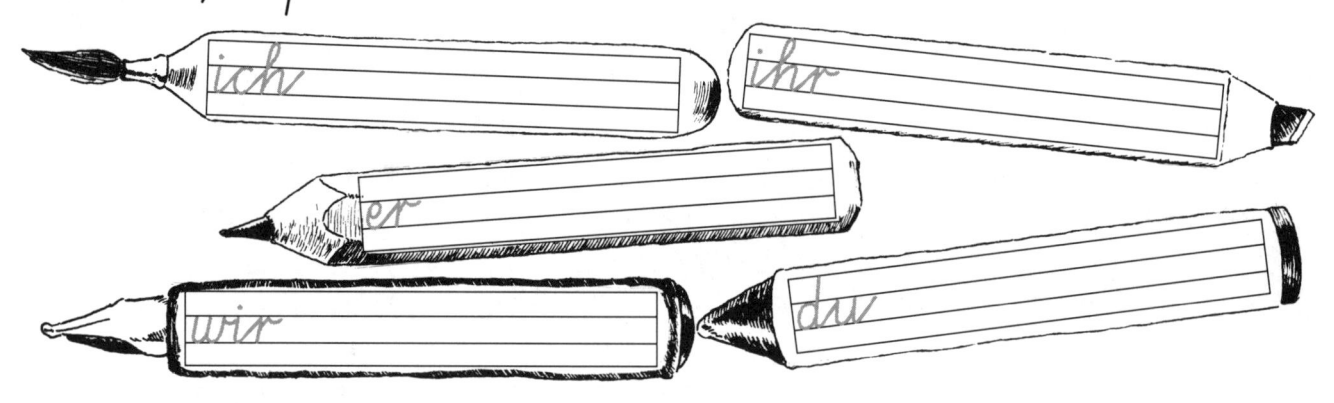

ich
ihr
er
wir
du

6. Bilde Fragesätze, Ausrufesätze oder Aufforderungssätze!

dich Melde! etwas Ist falsch? du Warum wartest?
Schön, du gut erklärst! fertig du Bist? jede Übe Woche!

7. Ergänze zuerst die Satzzeichen (! ! . . ? ?)! Schreibe dann die Sätze ab!

Du darfst in dieser Woche das Diktat still üben ( )
Bearbeitest du eine Aufgabe vom Buch ( ) Warte nicht ( )
Bist du fertig ( ) Melde dich ( ) Es ist nichts falsch ( )

8. Verbinde das Abc mit Strichen! Welches Wort entsteht?

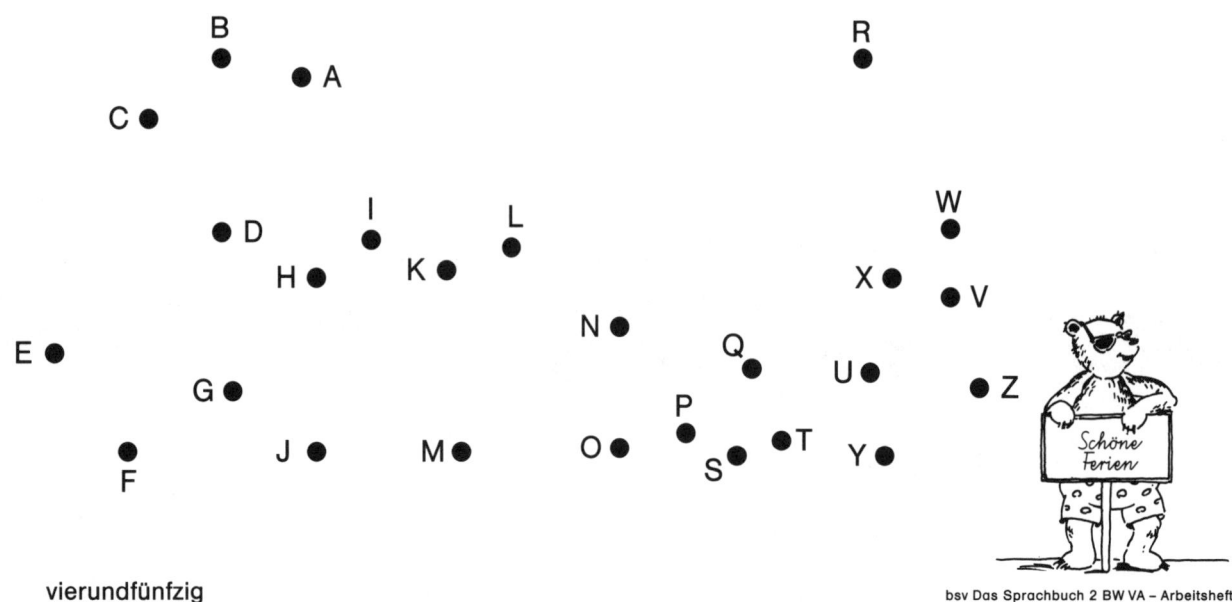

Wiederholung der Lernwörter
(Seite 45 bis Seite 54)

Versteckte Wörter 2

1. In den folgenden fünf Wörtern hat sich immer ein Wort versteckt.
Spure das versteckte Wort nach!

seine

meinen   nein

einem   einfach

2. Auch hier sind in den Wörtern andere Wörter versteckt.
Spure die versteckten Wörter farbig nach!

*hoffen, Wunde, bist,
treiben, sicher, heben,
bringen*

3. Die folgenden Wörter hat ein Roboter geschrieben.
In jeder Zeile findest du ein Wort aus deinem Lernwortschatz
ab Seite 59. Unterstreiche dieses Wort und schreibe es richtig!

GLÜCKEN, GLÜCKLICH, GLÜCK

LIEBER, LIEBE, BELIEBT

BLUTIG, BLUT, BLUTEN

SICHER, SICHERHEIT, SICHERN

ENDEN, ENDLICH, ENDE

Lange Laute

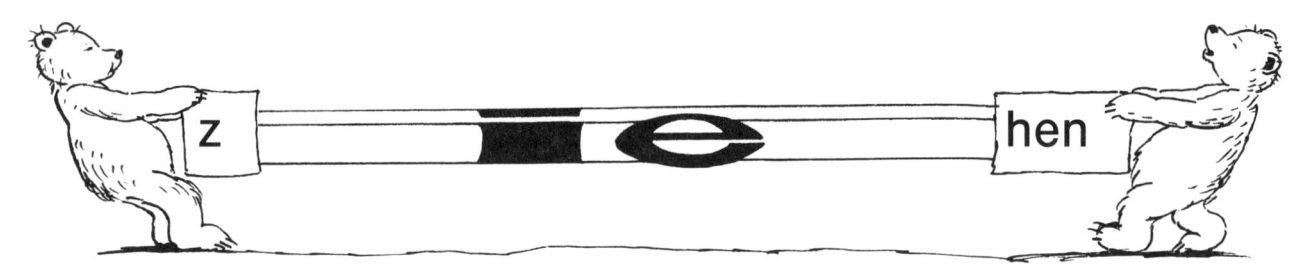

1. Die folgenden Wörter kannst du mit deiner Stimme lang z**ie**hen.
Setze *ie* richtig ein und schreibe die Wörter!

fl..ßen, g..ßen, D..b, H..b, L..be,

B..ne, L..d, Sch..ne, F..ber, Fr..de,

kr..chen, spaz..ren, repar..ren, Kn..

2. Auch diese Wörter musst du s=eh=r lang sprechen:

nah, Uhr, sehr, ihr, Jahr, i:::hm

3. Welchen Buchstaben hörst du in den Wörtern aus Aufgabe 2 **nicht**? Schreibe ihn in das Kästchen!

4. Schreibe die Wörter aus Aufgabe 2! Unterstreiche das *h*!

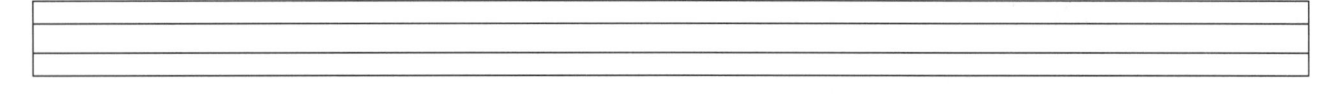

5. Kreise alle Wörter mit **ie** (3) und **h** (3) ein!

A	L	I	E	B	E	B	C	J	A	H	R	D	E	I	H	R	F	L	I	E	D
G	H	I	J	B	I	E	N	E	K	L	M	S	E	H	R	N	O	P	Q	R	S

56   sechsundfünfzig

Doppelte Selbstlaute

1. Ordne die folgenden Wörter richtig zu:

Idee, Boot, Meer, Saal, Zoo, Beere, Moos, Speer, Moor, Beet, Haar, Schnee

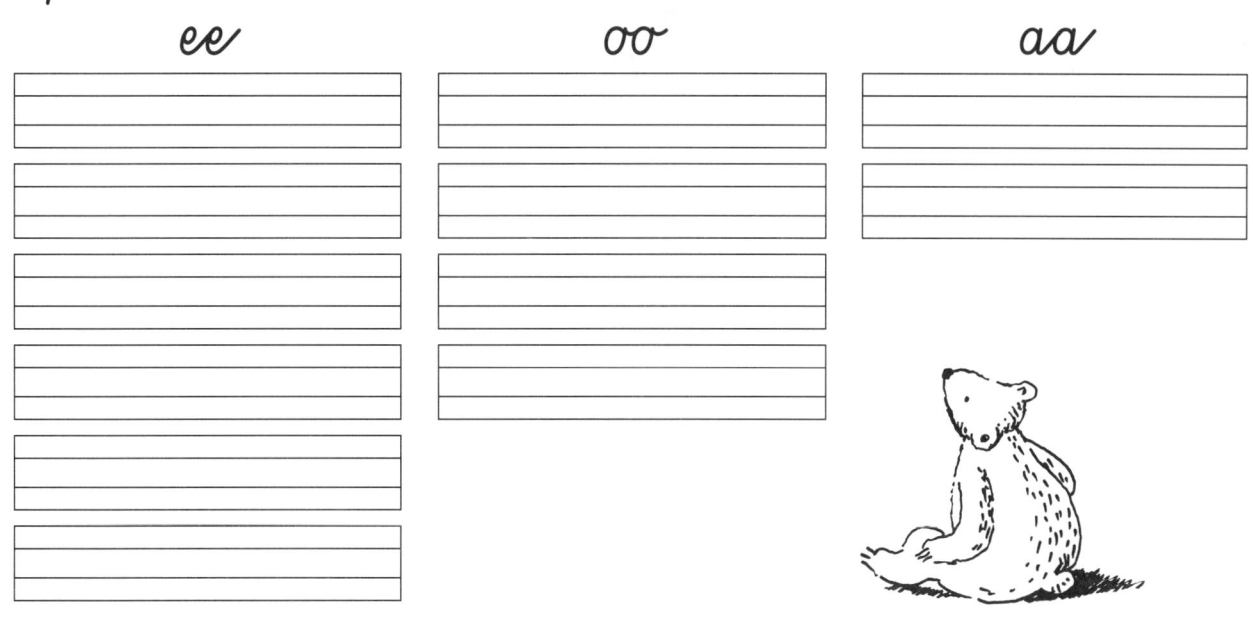

ee	oo	aa

2. Setze die fehlenden Doppelselbstlaute ein: ee (6), oo (4), aa (2)!

M..s, B..re, Z.., B..t, Id..,
Schn.., Sp..r, M..r, S..l, H..r,
B..t, M..r

3. Setze die passenden Wörter von Aufgabe 1 ein! Schreibe in großen DRUCKBUCHSTABEN! Welches Wort fehlt?

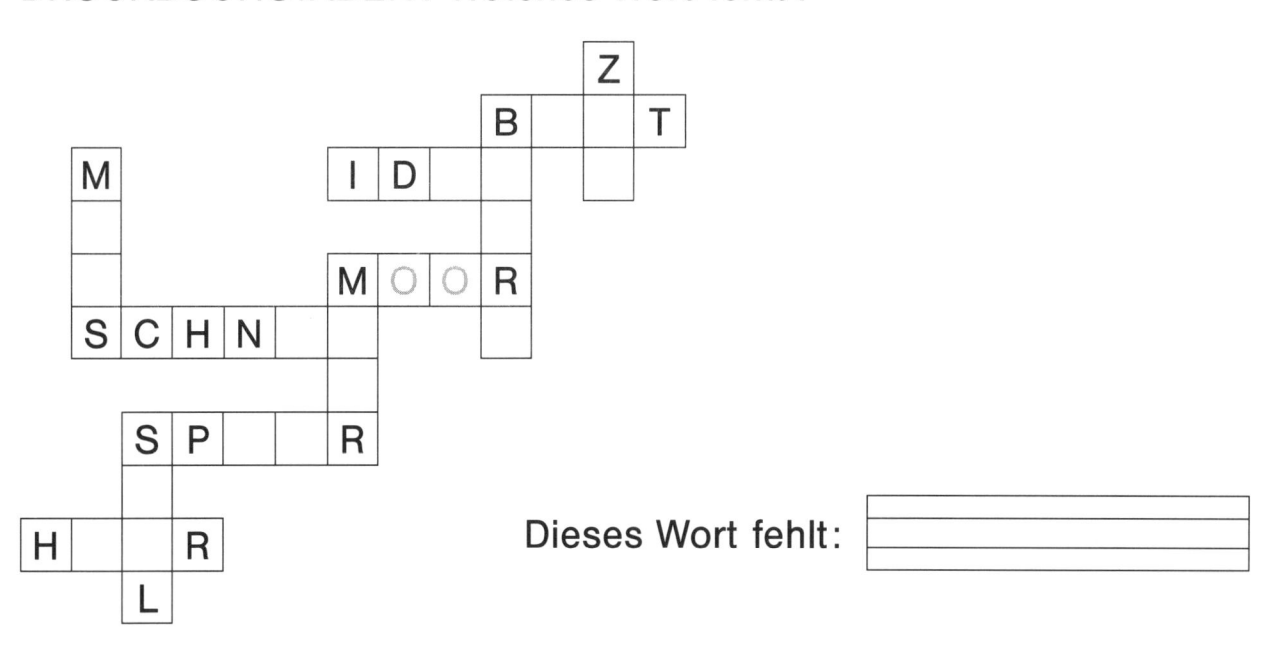

Dieses Wort fehlt:

Seltene Mitlaute

1. Binde die Schilder an passende Bilder! Male die Schnüre!

Boxer   Taxi   Lexikon   Hexe   Axt   Nixe   Mixer

2. Verbinde die Silben zu Wörtern!

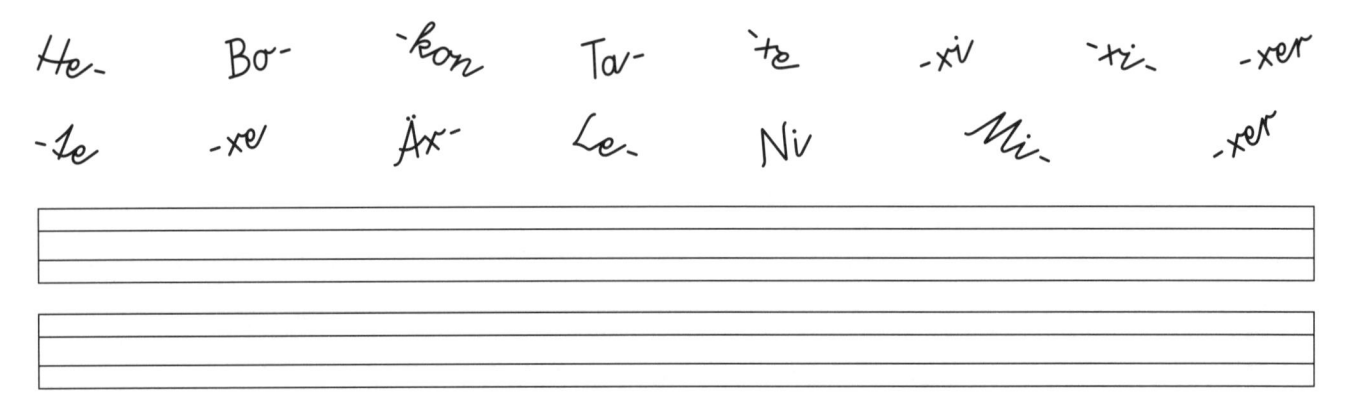

He-   Bo-   -kon   Ta-   -te   -xi   -xi-   -xer
-te   -xe   Äx-   Le-   Ni   Mi-   -xer

3. Setze die Wörter in den Blumen zusammen und schreibe sie vollständig!

Qu- : -adrat, -alm, -ark, -artett, -elle
qu- : -atschen, -er, -aken, -ietschen, -aseln

Quadrat,

4. Reime:

Quelle   Quark   quer   quaken
St....   P...   d..   H....
W....   M...   w..   L....

Lernwortschatz

Die **fett** gedruckten Wörter lernt ihr in diesem Schuljahr kennen.

A

ab
Abend
aber
acht
alle
alt
am
an
anfangen
antworten
Apfel
April
arbeiten
Arm
Ast
auch
auf
Auge
August
aus
Auto
Axt

B

Bach
Ball
Baum
Beere
Beet
bei
Bein
Berg
Biene
Bild
bin
binden
Birne
bis
bist
bitten
Blatt
blau
bleiben
Blume
bluten
Boot
böse
Boxer
braun
brechen
brennen
Brief
bringen
Brot
Buch
Bus

C

D

da
danken
dann
das
dein
dem
den
denken
der
Dezember
dich
die
Dieb
dienen
dir
doch
Dorf
dort
drei
du
dunkel
dürfen

E

eilen
ein
eine
einem
einen
eines
einfach
eins
Ende
eng
Ente
er
Erde
erklären
erlauben
es
essen
ewig

F

fallen
falsch
Familie
fassen
Februar
fein
Feind
Feld
Fenster
Fest
fest
Feuer
Fieber
finden
Finger
fliegen
fließen
Flügel
folgen
fragen
fremd
freuen
Freund
Friede
frisch
fünf
für
Fuß

G

geben
gehen
Geist
gelb
Gesicht
gestern
gesund
gießen
gleich
Glück
Gras
greifen
groß
grün
gut

H

Haar
haben
halten
Hand
hart
Hase
hat
Haus
heben
heiß
helfen
her
Herr
heute
Hexe
Hieb
hier
Himmel
hin
hoffen
hören
Hose
Hund

I

ich
Idee
Igel
ihm
ihn
ihnen
ihr
ihre
im
in
innen
irren
ist

J

ja
Jahr
Januar
jeder
Juli
jung
Juni

K

kalt
kann
Kasse
Katze
kaufen
kein
kennen
Kind
klar
Klasse
klein
Knie
kommen
König
können
Kopf
kosten
krank
kriechen
Kuh
kurz

L

lachen
lang
lassen
laufen
legen
leicht
leiden
lernen
lesen
Lexikon
Licht

Liebe	**nass**	**quasseln**	**Schwanz**	**tragen**	**weil**
lieben	**nehmen**	**quatschen**	**schwarz**	**treffen**	**weinen**
Lied	**nein**	**Quelle**	**sechs**	**treiben**	**weiß**
liefern	**nennen**	**quer**	**sehen**	**trennen**	**weit**
los	Nest	**quietschen**	**sehr**	**treten**	**wer**
Luft	neu		**sein**	**treu**	**werden**
	neun	**R**	**seine**	**trocken**	**werfen**
M	**nicht**		**seiner**	**tun**	**wie**
machen	**nie**	rasch	**Seite**		**Wiese**
Mai	**Nixe**	**raten**	**selten**	**U**	**wild**
Mark	**Not**	**rechnen**	**senden**		**Wind**
März	**November**	reden	**September**	**üben**	wir
Maus	**nun**	**Regen**	**sich**	**Uhr**	**wissen**
Meer	**nur**	**reich**	**sicher**	**um**	wo
mein		**Reihe**	sie	**und**	**Woche**
meinen	**Ö**	**reparieren**	**sieben**	**uns**	**Wohnung**
melden		**Ring**	**siegen**	**unser**	**wollen**
Menge	**oder**	**rollen**	sind		**Wort**
messen	**offen**	rot	**singen**	**V**	**Wunde**
Messer	**oft**	**Rücken**	**sitzen**		**wünschen**
Meter	Ohr	**rufen**	so	Vater	
mich	**Oktober**		sollen	**verlieren**	**X**
mir	**ordnen**	**S**	**Sonne**	**verstehen**	**Y**
mit	**Ort**		**spazieren**	**viel**	**Z**
Mitte		Saal	**Speer**	vier	
Mixer	**P**	**Sache**	**spielen**	Vogel	
mögen		sagen	**steigen**	**vom**	**zahlen**
Monat	**Papier**	Sand	**stellen**	**von**	zehn
Moor	**passen**	**scharf**	still	**vor**	**zeichnen**
Moos	**Pferd**	**schauen**	**Stoff**		**zeigen**
morgen	**Platz**	**scheinen**	**stolz**	**W**	**Zeit**
Müll	**Preis**	**Schiene**	**Stunde**		**ziehen**
müssen	**Puppe**	**schlafen**	**suchen**	**Wagen**	**Zimmer**
Mutter		**schlagen**		Wald	**Zoo**
	Q	**schlecht**	**T**	war	zu
N		**Schnee**		**warnen**	**Zug**
	Quadrat	**schnell**	**Tag**	**warten**	**zum**
nach	**quaken**	**schön**	**Taxi**	was	**zur**
Nacht	**Qualm**	**schreiben**	**teilen**	**Wasser**	zwei
nah	**Quark**	**schreien**	tief	Weg	
Nase	**Quartett**	Schule	**Tier**	**weich**	